Johannes Coym

Gellerts Lustspiele

Ein Beitrag zur Entwicklungsgeschichte des deutschen Lustspiels

Johannes Coym

Gellerts Lustspiele
Ein Beitrag zur Entwicklungsgeschichte des deutschen Lustspiels

ISBN/EAN: 9783743358829

Hergestellt in Europa, USA, Kanada, Australien, Japan

Cover: Foto ©Thomas Meinert / pixelio.de

Manufactured and distributed by brebook publishing software (www.brebook.com)

Johannes Coym

Gellerts Lustspiele

Untersuchungen und Texte aus der deutschen
und englischen Philologie.

Herausgegeben

von

Alois Brandl und **Erich Schmidt.**

II.
Gellerts Lustspiele, erörtert von Johannes Coym.

BERLIN.
MAYER & MÜLLER.
1899.

PALAESTRA. II.

Gellerts Lustspiele.

Ein Beitrag zur Entwicklungsgeschichte des deutschen Lustspiels

von

Johannes Coym.

BERLIN.
MAYER & MÜLLER.
1899.

Vorwort.

Als meine Untersuchung über Gellerts Lustspiele schon weit vorgerückt war, erschien die Dissertation von Herrn Dr. Wold. Haynel*) die den gleichen Gegenstand behandelt. Meiner Arbeit liegt die Ausgabe sämtlicher Schriften Gellerts von Jul. Ludw. Klee in der zweiten Auflage vom Jahre 1867 zu Grunde, die ich, ohne den Titel zu nennen, nach Band- und Seitenzahl citiere.

Es ist mir eine besonders liebe Pflicht, meinem hochverehrten Lehrer, Herrn Professor Dr. Erich Schmidt, der mir die Anregung zu dieser Untersuchung gab, für die wissenschaftliche Förderung, die ich von ihm erfahren, und für die wohlwollende Teilnahme, die er meiner Arbeit stets entgegenbrachte, meinen aufrichtigsten Dank auszusprechen.

*) Gellerts Lustspiele. Ein Beitrag zur deutschen Litteraturgeschichte des 18. Jahrhunderts von Dr. phil. Wold. Haynel. Emden und Borkum 1896. Verlag von W. Haynel.

Inhalt.

A. Theorie und Praxis   1
B. Gellerts Comödie:
    I. Die Analyse   14
    II. Die Personen   23
C. Die einzelnen Lustspiele:
    I. „Die Betschwester"   36
    II. „Das Loos in der Lotterie"   49
    III. „Die zärtlichen Schwestern"   56
    IV. „Die kranke Frau"   63
D. Zur Sprache:
    I. Dialogisches   67
    II. Der Monolog   89

A. Theorie und Praxis.

Im Anfange des XVIII. Jahrhunderts herrschte in der poetischen Welt die Theorie des Aristoteles und zwar die Kunstlehre des falsch verstandenen Aristoteles, so wie ihn Gottsched und seine französischen Vorbilder begriffen. Was die Comödie angeht, so hatte der griechische Theoretiker in seiner Definition (κωμῳδία ἐστίν .... μίμησις φαυλοτέρων μέν, οὐ μέντοι κατὰ πᾶσαν κακίαν, ἀλλὰ τοῦ αἰσχροῦ ἐστὶ τὸ γελοῖον μόριον Poetik Cap. 5) von einem sittlichen Endzweck nichts erwähnt; den aber schob Gottsched unter, indem er „μίμησις τῶν φαυλοτέρων" übersetzte mit „Nachahmung einer lasterhafften Handlung" und hinzufügte, dass diese Darstellung die Zuschauer erbauen sollte. Er definiert: „Die Comödie ist nichts anders, als eine Nachahmung einer lasterhafften Handlung, die durch ihr lächerliches Wesen den Zuschauer belustigen, aber auch zugleich erbauen kan."*) Bei ihm halten das lasterhafte und lächerliche Element einander die Wage: sobald das Lasterhafte die Grenzen des Lächerlichen verlässt, ist es nicht mehr komisch und gehört nicht in die Comödie, sondern in das ernste Drama; und sobald das Lächerliche sich von dem Lasterhaften löst, ist es nicht mehr erbaulich und darum auch nicht mehr Gegenstand des Lustspiels, sondern der Hanswurstiade. Der lehrhafte Zweck, die moralisierende Tendenz wird zur Hauptsache und die Comödie lacht die Zuschauer nur so lustig an, um am Ende ihr Gesicht in die ernsten Falten einer mahnenden Sitten-

---

*) Versuch einer Critischen Dichtkunst von M. Joh. Christoph Gottsched. Leipzig 1730, S. 594.

lehrerin zu ziehen, die mit warnend erhobenem Finger vor den dargestellten Lastern sich zu hüten gebietet. Im Gegensatz zu dieser Theorie schrieb Adam Daniel Richter, Rector zu Annaberg, seine „Regeln und Anmerkungen der lustigen Schaubühne". Er behauptete, es gebe auch eine Tugendlust und darum könne die Comödie nicht nur Laster, sondern auch Tugenden darstellen. Er definiert sie als „eine Nachahmung einer moralischen Handlung, die durch ihr natürliches Wesen die Zuschauer belustigen, aber auch zugleich erbauen soll".*) Das Wort „moralisch" nimmt er im weitesten Sinne, so dass es das tugend- als auch das lasterhafte Element einbegreift. Danach scheidet sich das Lustspiel in zwei Unterarten: entweder ist es die lasterhafte Comödie, d. h. die Comödie Gottscheds, die Richter auch mit dessen Erklärung definiert, oder aber es ist die tugendhafte Comödie, die er erklärt als „eine Nachahmung einer tugendhaften Handlung, die durch ihr rühmliches Wesen die Zuschauer belustigen, aber auch zugleich erbauen soll".**) Gottsched druckte diese Abhandlung des Annaberger Rectors in seinen Beiträgen ab und fügte seine Bedenken und seine eigenen abweichenden Ansichten unter dem Texte als Anmerkungen hinzu. Er räumt ein, dass man sich über tugendhafte Handlungen erfreuen könne, aber sie würden kein lautes Gelächter erregen, und er giebt ferner zu, dass in der Comödie Nebenpersonen tugendhaft sein können,- nur die Hauptperson dürfte es nicht sein.

Wenn Richter hier die Darstellung der Tugend für das Lustspiel in Anspruch nimmt, so hatte in Frankreich die Entwicklung der Comödie eine ähnliche Richtung genommen. An die Stelle der alten fröhlichen Comödie trat die comédie sérieuse, die durch Vorführung tugendhafter Handlungen rühren will. Das Laster wird nicht ganz verbannt, aber es tritt mehr zurück, und neben der negativen Wirkung der Gottschedischen

---

*) Beyträge zur Critischen Historie der deutschen Sprache, Poesie und Beredsamkeit. Leipzig, 1741. VII. Bd., S. 581.
**) Ebenda, S. 593.

Comödie, der Warnung vor einem moralischen Fehler, steht nachdrücklicher die Anpreisung sittlicher Vorzüge. Der Begründer und Vertreter dieser neuen Gattung wurde Nivelle de la Chaussée. Er hat sich auch theoretisch über seine Kunst ausgesprochen. In dem „Prologue" zu der „fausse Antipathie" will sich der Genius der französischen Comödie über den Geschmack des Publikums unterrichten. Der Bourgeois, der Kritiker, die précieuse, der admirateur, der petit-maitre äussern ihre Wünsche. Zuletzt spricht der homme sensé seine Meinung aus:

„Je cherche à m'amuser; encor plus à m'instruire."

Er äussert sich gegen „ces folles rapsodies,
Que l'on veut bien nommer du nom de comédies".
Er bemerkt: „Un ridicule outré
Fait rire, et cependant ne corrige personne."

Dies ist auch die Ansicht des bon-sens, während die folie das Publikum nur belustigen will. Der Genius möchte den bon-sens mit der folie vereinigen, damit sie ihm beide für seine Zwecke dienen können, d. i. das neue Lustspiel, das Nivelle de la Chaussée dem Publikum vorlegt, will mit der Komik Belehrung und Rührung verbinden. Darum klagt in der „Critique de la fausse Antipathie" Melpomene die Thalia an, in ihr besonderes Gebiet eingedrungen zu sein, und diese macht der Melpomene den gleichen Vorwurf. Keine will „cet équivoque enfant" als ihr eignes anerkennen. Das Urteil in der Streitfrage wird nicht gesprochen, da Melpomene und Thalia dem „Dénouement" nachlaufen, der ihnen den Dienst kündigt. Momus, der den Richter vorstellt, ruft ihnen nach: Courez après,

Palsembleu, jugera qui voudra le procès."

Die „Lettres sur Mélanide"*) nahmen die neue Gattung in Schutz, während Chassiron in seinen „Réflexions sur le Comique-larmoyant"**) sich gegen sie erklärt. Die

---
*) „Lettres sur Mélanide". Paris 1741.
**) Chassiron: „Réflexions sur le Comique-larmoyant". 1749, von Lessing verdeutscht in der „Theatralischen Bibliothek" (1754—58). I. Stück = G. E. Lessings sämtliche Schriften. III. Aufl. von Fr. Muncker.

Gründe, die er gegen ihre Berechtigung geltend macht, sind folgende:

1) Von den Alten besitzen wir nichts, was der comédie sérieuse entspräche, darum kann man zu ihrer Rechtfertigung bei den Alten keine Stütze finden.

2) Das Wesen der Comödie ist durch die Werke hervorragender Dichter und die Regeln dramatischer Gesetzgeber bereits so bestimmt und festgestellt, dass man ihre Natur nicht willkürlich ändern und eine neue Art von Comödie einführen dürfe.

3) Die neue Gattung habe im Gegensatz zu der alten Comödie, welche durch die Darstellung von Lastern und Thorheiten vor diesen zurückschrecke, keinen moralischen Nutzen; denn die guten Gesinnungen, die in ihr ausgesprochen würden, bewirkten nur eine vorübergehende Bewegung, keine wirkliche Besserung.

4) Die neue Gattung gewähre auch weniger Vergnügen als die ältere Comödie.

5) Die neue Art von Comödie hebe die Grenzen auf, welche das Tragische von dem Komischen trennen.

Aus diesen Gründen verwirft Chassiron die comédie sérieuse und glaubt, dass auch die Zukunft ihm Recht geben werde. Man werde bald genug den Geschmack an dem weinerlich Komischen verlieren.

Gegen diese Ausführungen Chassirons wandten sich Fréron*) und Voltaire.**) Nach Frérons Meinung hat man bei der Einführung der comédie sérieuse besonderen Anstoss an der Verbindung des Komischen und Rührenden („l'alliance du comique et du plaintif") genommen, aber man möge

---

VI, 9—31 und der von ihm gleichfalls verdeutschten Abhandlung Gellerts „pro comoedia commovente" (Theatralische Bibliothek I = G. E. Lessings sämtliche Schriften, III. Aufl. VI, 32—49) gegenübergestellt.

*) „Lettres sur quelques Écrits de ce tems" (T. 4, p. 3).
**) In der Vorrede zu seiner „Nanine".

mit dieser Verbindung brechen und Lustspiele schreiben, die bloss rühren („des Pièces purement attendrissantes"). An solchen Stücken würde niemand etwas auszusetzen haben, und sie würden den „Romans tendres et passionés" entsprechen. Diese „Drames moraux", „Pièces de sentiment" würden uns viel mehr ergreifen als Tragödien, da wir in ihnen an den Schicksalen von Menschen teilnehmen, die in ihrer Lebensstellung uns gleich sind, mit denen wir daher leicht sympathisieren können. Darum ist ihm „Mélanide" „la meilleure de toutes les Pièces de M. de la Chaussée", weil er sich hier auf die Darstellung des Rührenden beschränkt, parce qu'... il n'a point terni les couleurs du sentiment par des nuances de comique."

Auch Voltaire wendet sich gegen die Abhandlung Chassirons, aber er steht in seinen Bemerkungen auch im vollen Gegensatz zu Fréron, wenn er dessen Ausführungen auch nicht im Sinne hatte, als er seine Vorrede schrieb. Von einer Comödie, die nur rührend wirkt, will Voltaire gar nichts wissen: „Si elle manquait de comique, si elle n'était que larmoyante, c'est alors qu'elle serait un genre très-vicieux, et très-désagréable." Dagegen findet er die Mischung des Rührenden und Erheiternden sehr natürlich. Nichts sei gewöhnlicher, als dass Ereignisse den Menschen betrüben und zugleich doch begleitende Umstände in ihm eine vorübergehende Freude erregen. Hector lacht über die Furcht seines Sohnes Astyanax, während Andromache Thränen vergiesst. Also das rührende Lustspiel darf die Herzen der Menschen bewegen, „pourvu qu' ensuite elle fasse rire les honnêtes gens."

Diese neue Dichtgattung, welche eine verwandte Seite seiner weichen Natur berührte, fand Gellerts Beifall. Er ist der erste, der die comédie sérieuse aus Frankreich herübernimmt, seine „Betschwester" das erste rührende Lustspiel Deutschlands. Darin liegt die geschichtliche Bedeutung des Mannes in der Entwicklung unseres Lustspiels. Gellert hat, nachdem er längst seine eignen rührenden Lustspiele geschrieben, beim Antritt seiner Professur in einem Programm „pro comoedia commovente"*) (1751) die Berechtigung der neuen Gattung auch theoretisch zu begründen versucht. Er unterscheidet eine doppelte Art des Lächerlichen. Die eine ist laut und heftig; die andere fein und bescheiden. Die stürmische Freude mag nicht leicht eine ernste Regung vertragen, aber mit der stilleren Heiterkeit sei eine Gemütsbewegung sehr wohl vereinbar, die „zwar den Schein der Traurigkeit hat, an und für sich selbst aber ungemein süsse ist". Von diesem Gesichtspunkte aus hätten schon einige von den Alten, wie Scaliger meint, die Comödien in sittliche und lächerliche geschieden. Mit Joseph Trapp erklärt darum Gellert die Comödie „für ein dramatisches Gedicht, welches Abschilderungen von dem gemeinen Privatleben enthalte, die Tugend anpreise, und verschiedene Laster und Ungereimtheiten der Menschen, auf eine scherzhafte und feine Art durchziehe". Er nimmt das rührende Lustspiel gegen eine doppelte Anklage in Schutz. Der eine Vorwurf lautet: die comédie larmoyante masst sich Stoffe und Wirkungen an, die allein der Tragödie eignen. Sie verwischt dadurch die Gattungsunterschiede. Der andere besagt: Eine Comödie, die rühren will, widerstreitet ihrem inneren Begriffe und Wesen. Auf den ersten Einwand erwidert Gellert, dass die Comödie, welche er verteidige, sich einmal im Gegenstande von der Tragödie unterscheide; denn sie stelle nicht die heroische Grösse der Tugend noch die Ungeheuerlichkeit ausserordentlicher Verbrechen dar, überlasse diese Themata vielmehr dem Trauerspiel und entsage mit ihnen dem prunkhaften Glanz und dem andringenden Pathos der Sprache. Darum unterscheide sie sich auch in den Wirkungen von dem ernsten Drama, da sie nicht die tiefen Bewegungen eines Trauerspiels errege, sondern viel gelindere und sanftere Empfindungen. Am häufigsten rühre sie durch die Darstellung

---

*) Pro comedia commovente commentatio orationi aditiali d. XIV. Jul. CIƆIƆCCLI h. IX in audit. philos. habendae praemissa a Christiano Fürchtegott Gellerto. P. P. extrao. Lipsiae ex officina Langenhemiana. In Lessings „Theatralischer Bibliothek" (1754—58) I. Stück verdeutscht.

einer tugendhaften und zärtlichen Liebe. Diese nun habe in dem Lustspiele ihren passendsten Aufenthalt, da im Trauerspiel dieser Affect wohl mitspielen, nie aber das Hauptmotiv werden dürfe, und andererseits sei die Liebe in der Comödie ihrem Wesen nach eine ganz andere als in der Tragödie; denn hier werde die leidenschaftliche und heroische Liebe dargestellt, dort die sanfte Zuneigung, die wohl Unruhe und Betrübnis, nie aber gewaltsame Erschütterungen im Menschenherzen hervorrufen könne. Und wie das rührende Lustspiel in der Darstellung der Liebe nicht in das Gebiet des Trauerspiels hinübergreife, so seien auch die Tugenden, welche es darstelle, die einfachen und bescheidenen Vorzüge des Characters, die ihn im Privatleben schmücken, nicht aber die grossen und erhabenen Züge eines Trauerspielhelden.

Man hatte gegen die comédie larmoyante noch einen zweiten Vorwurf erhoben: sie widerstreite dem Wesen des Lustspiels; denn entweder verhalte die Rührung das Lachen und dann fehle die komische Wirkung, oder es werde Rührung und Lachen zugleich erregt, ein solches Stück aber sei ein unnatürliches Zwittergeschöpf, halb Trauer-, halb Lustspiel. Um diese Einwendung zu widerlegen, führt Gellert „Destouches, de la Chaussée, Marivaux, Voltaire, Fagan und andere, deren Namen und Werke längst unter uns bekannt sind", an, die das bereits geleistet hätten, was man von einem rührenden Lustspiele verlangen könne, und behauptet, dass sich die Verspottung des Lasters sehr wohl mit der ernsthaften Rührung verbinden lasse: nur müsse man mit der Mischung von Scherz und Ernst behutsam verfahren. Der Dichter solle das Publikum nicht sprunghaft von Betrübnis zur Heiterkeit führen, noch eine komische Scene unvermittelt neben eine traurige oder eine ernste Gestalt dicht neben eine burleske Figur stellen, vielmehr vermittelnde Übergänge suchen und auf der Tonleiter der Empfindungen gemach und langsam auf- und abwärts gehen.

Er wendet sich nun im besonderen den Lustspielen der mittleren Gattung zu, in denen die Rührung überwiegt, die komische Seite dagegen fast ganz zurücktritt. Wenn diese die Grenzen, die man der Comödie setze, überschreiten, so müsse man eben die Grenzen erweitern, so dass sie auch diese Stücke miteinschliessen. Von der Theorie der Alten brauche man sich nicht einschränken zu lassen. Wie diese ihre Kunstlehre nur auf inductivem Wege gefunden haben, indem sie die Regeln von den vorhandenen Stücken abstrahierten, so dürften die Neueren ebenfalls eine Theorie des Lustspiels aufstellen nach den modernen Stücken, die heute dem Volke Vergnügen und Ergötzung bereiten, wenn auch diese neuen Regeln mit denen der Alten nicht übereinstimmen sollten. Da es nun aber erwiesen sei, dass derartige Stücke Beifall gefunden haben, so sei nicht einzusehen, warum man noch Einwendungen gegen sie erheben wolle.

Was die Charaktere betrifft, so verlangt Gellert, dass sie, wenn ihre Vortrefflichkeit auch etwas übertrieben werde, doch immer in den Grenzen des Wahrscheinlichen bleiben sollen. So kann man einem Mädchen von geringem Stande „Zierlichkeit, Witz und Lebensart" geben, wenn man nur voraussetzt, dass dieses Kind von jung auf in einem vornehmen Hause gelebt hat und so Gelegenheit fand, ihren Geist und ihre Sitten zu bilden.*) Am Schluss seines Programms verwahrt sich Gellert dagegen, als wolle er die alte fröhliche Comödie von dem Schauplatz vertreiben, sondern er wünsche nur, dass man die neue Gattung in ihre Gesellschaft aufnehme, damit nicht spätere Richter den Vorwurf erhöben, dass man sich gegen das rührende Lustspiel zu abwehrend und aburteilend verhalten habe.

In den Zeilen, die Lessing der Abhandlung Gellerts hinzufügte, nennt er das weinerliche Lustspiel ebenso wie das Possenspiel nur eine Untergattung der echten und wahren Comödie, deren Absicht nach ihm vielmehr die ist, Rührung und Lachen zugleich zu erregen, und er stellt diese wahre Comödie den beiden Abarten gegenüber, die nur je einer Seite ihres Wesens gerecht werden. Psychologisch ist es

*) Nach diesem Winke Gellerts wurde Franciska ganz natürlich zur Gespielin Minnas erhoben. Vgl. R. M. Meyer: „Lessings Theater" Vierteljahrsschrift für Litteraturgeschichte. III, 309.

wahr, dass die menschliche Natur anhaltende Lust und andauernden Reiz zum Lachen ebenso wenig verträgt, wie fortwährende Rührung und immerwährenden Anreiz zum Weinen; und man kommt dem gewöhnlichen Lauf der Dinge näher, wenn man Ernst und Scherz, Betrübnis und Heiterkeit mit einander mischt und wechseln lässt. Auch im wirklichen Leben ist selten ein Menschenherz für längere Zeit ganz voll Lust und Jubel oder ganz voll Schmerz und Trauer. Einen klassischen Beleg für diese Comödie gab Lessing 13 Jahre später in seiner „Minna von Barnhelm", die gerade durch den feinen Wechsel heiterer und ernster Szenen einen eignen Zauber übt. — Wenn Lessing hier Gellert fast über den Franzosen de la Chaussée zu stellen scheint, indem er sagt: „Ich bin weit entfernt, den Herrn Gellert für einen eigentlichen Nachahmer desselben auszugeben. Ich habe beyde zu wohl gelesen, als dass ich in den Lustspielen des letztern, nicht noch genug lächerliche Charaktere und satyrische Züge angetroffen haben sollte, welche aus den Lustspielen des erstern ganz und gar verwiesen sind. Die rührenden Szenen sind bey dem Herrn Gellert nur die meisten; und ganz und gar nicht die einzigen," so hat er später sein Urteil über den Lustspieldichter Gellert verschärft. Er erkennt zwar an, dass seine Stücke „wahre Familiengemälde" seien, „in denen man sogleich zu Hause ist", aber er wirft ihm vor, dass seine Comödien Narren „in ihrer Alltagskleidung, in der schmutzigen Nachlässigkeit auf das Theater" bringe, „in der sie innerhalb ihrer vier Pfähle herumträumen". „Die Narren sind in der ganzen Welt platt und frostig und ekel; wenn sie belustigen sollen, muss ihnen der Dichter etwas von dem Seinigen geben. . . . . Sie müssen nichts von der engen Sphäre kümmerlicher Umstände verrathen, aus der sich ein jeder gern herausarbeiten will. Er muss sie aufputzen; er muss ihnen Witz und Verstand leihen, das Armselige ihrer Thorheiten bemänteln zu können; er muss ihnen den Ehrgeitz geben, damit glänzen zu wollen."*)

*) Hamb. Dramaturgie 22. Stück = sämtliche Schriften, III. Aufl. IX. Bd., S. 273.

Lessings Ansichten über die comédie sérieuse haben sich im Laufe der Jahre zu ihren gunsten gewandelt. In der Hamburgischen Dramaturgie zeigt er eine gewisse Vorliebe für die mittlere Gattung des Dramas. Im achten Stücke meint er: „Melanide ist kein Meisterstück von dieser Gattung; aber man sieht es doch immer mit Vergnügen;" und die zweite Scene des III. Aktes gefiel ihm so gut, dass er den Verfasser um das beneiden möchte, „wesswegen ich wohl, eine Melanide gemacht zu haben, wünschte." Die „Cénie" der Graffigny ist ihm ein vortreffliches Stück, das der Gottschedin zum Übersetzen in die Hände fallen musste. „Ich habe ihr (Frau Gottsched) die Gerechtigkeit wiederfahren lassen, dass sie einige lustige Stücke des Destouches eben nicht verdorben hat. Aber wie viel leichter ist es, eine Schnurre zu übersetzen, als eine Empfindung! Das Lächerliche kann der Witzige und Unwitzige nachsagen; aber die Sprache des Herzens kann nur das Herz treffen." (20. Stück.) Gegen die Ausführungen Voltaires über das rührende Lustspiel bemerkt er: „Aber streitet nicht auch der Herr von Voltaire wider die Erfahrung, wenn er die ganz ernsthafte Comödie für eine eben so fehlerhafte, als langweilige Gattung erkläret? Vielleicht damals, als er es schrieb, noch nicht. Damals war noch keine Cenie, noch kein Hausvater vorhanden; und vieles muss das Genie erst wirklich machen, wenn wir es für möglich erkennen sollen." (21. Stück.)

Wenn man die Ansichten der Theoretiker durchgeht, so bemerkt man, wie elastisch der Begriff „comédie sérieuse" gefasst wird. Die beiden Extreme sind die fröhliche Comödie, die nur Lachen erregen will, und das Rührstück, das nur rühren will. Zwischen diesen beiden äussersten Punkten aber giebt es viele Mittelglieder, je nachdem in einem Stück die Rührung oder die Komik vorherrscht. Die Grenze zwischen der alten Comödie und der comédie sérieuse ist nur eine fliessende, und es wird sich nicht immer genau bestimmen lassen, ob man ein Stück eine Comödie oder ein rührendes Lustspiel nennen soll.

Nach der Theorie — es soll ja die Rührung den Scherz

nicht ganz verdrängen — könnten also Gellerts Stücke ein
tragikomisches Element enthalten, doch wird bei ihm die
Komik, die er weniger in den Situationen als vielmehr in
den Characteren sucht, durch Carricatur und Übertreibung
völlig aufgehoben; denn dieser langweilige Orgon und seine
kokette Frau, dieser steife Magister, dieser geheimnisvolle
Schwätzer Wahrmund und die Scheinkranke, der er den Tod
prophezeit: sie alle sind ohne komische Kraft. In der „Betschwester" hat der Dichter der Frau Richardinn einige
komische Seiten abzugewinnen gewusst; rührend soll in diesem
Stück die Freundschaft der beiden Mädchen wirken. Dieser
rührende Bestandteil ist in dem „Loose in der Lotterie"
schon stärker als in der „Betschwester". Gellert schildert die
mütterliche Fürsorge von Frau Damon für ihre Nichte und
die dankbare Anhänglichkeit Carolinchens an ihre Tante.
Er mag selber reden: „Damons Ehegattin, und die Jungfer
Caroline haben durch ihre Sitten die Gunst der Zuschauer
erlangt. Jene hatte schon daran verzweifelt, dass sie das
Looss wiederbekommen würde, welches für sie zehn tausend
Thaler gewonnen hatte, und war auf eine anständige Art
deswegen betrübt. Ehe sie sichs aber vermuthet, kömmt
Caroline, bringt ihrer Schwägerin mit dem willigsten Herzen
dasjenige wieder, was sie für verlohren gehalten hatte.
Hieraus nun entstehet zwischen beyden der edelste Streit
freundschaftlicher Gesinnungen, so wie bald darauf zwischen
Carolinen und ihrem Liebhaber ein Liebesstreit" . . . .*);
und beide Scenen seien instande, sehr lebhaft zu rühren.
Komisch sollen wirken das schwerfällige Gehaben Orgons
und das kokette Wesen seiner Frau, das Benehmen Damons,
als er von dem Gewinst des Looses hört, die Scenen, in
denen Simon der eitlen Frau den Hof macht. In den „zärtlichen Schwestern" gelangt die Rührung zur Herrschaft.
Rührung gewinnt der Dichter aus der bräutlichen, Rührung
gewinnt er aus der geschwisterlichen Liebe; die Komik
dagegen tritt sehr zurück.

*) Lessings sämtliche Schriften. III. Aufl. Hrsg. von Fr. Muncker.
VI. Bd., S. 40.

Was die Mischung des Erheiternden und Rührenden in den drei Lustspielen betrifft (die „kranke Frau" kommt als farcenhaftes Nachspiel hier nicht in Betracht), so kann man etwa sagen, dass auf dem Wege von der „Betschwester" über „das Loos in der Lotterie" zu den „Zärtlichen Schwestern", der ja zeitlich ein sehr kurzer ist und nur zwei Jahre umspannt, die Komik abnimmt und die Rührung wächst, so dass also in der Entwicklung seiner Comödie beide Elemente im umgekehrten Verhältnisse zu einander stehen. Nimmt man hinzu, dass Gellert im Laufe der einzelnen Ausgaben (1747, 1750, 1763, 1769, das Todesjahr Gellerts, in welchem die Ausgabe letzter Hand erschien) religiöse Ausrufe und Wendungen, wohl weil sie ihm in einem Lustspiel als gotteslästerlich vorkamen, auch einige Derbheiten und sexuelle Anspielungen ängstlich tilgte, so wäre hier eine Umwandlung gegeben, die ihr entsprechendes Ebenbild im Leben des Verfassers fände, der aus einem klugen und schalkhaften Kleinpariser immer mehr ein selbstquälerischer Hypochonder wurde.*)

Die komischen Züge der Fabel und Personen haben meist auch satirische Spitzen, während die Rührung der beweglichen Anempfehlung weicher Tugenden dient.

Gellerts Satire hat wie die Rabenersche keine bestimmten Gegner im Auge, sondern verpufft ihren Spott und Witz ins Allgemeine. Dies war ganz im Sinne Gottscheds, der den Comödienschreiber davor warnte, zum Pasquillanten zu werden. Indem sie den politischen Gegenständen, die der strenge Zwang der sächsischen Censur verbot, ausbiegt, sucht sie sich am liebsten als ungefährliche Zielscheibe den Mittelstand aus. Er will Laster und Übelstände mehr sanft mahnend als streng zürnend strafen und sieht die Satire als eine Helferin der Moral an, ihr „eben so nöthig und heilsam, als das zubereitete Gift in der Arzneykunst." IV, 125. Sie zieht in der „Betschwester" gegen Scheinheiligkeit und

---

*) Vgl.: Chr. F. Gellerts Tagebuch aus dem Jahre 1761. II. Aufl. Leipzig 1863.

Frömmelei zu Felde, erhebt in dem „Loos in der Lotterie" ihre Stimme warnend und verdammend gegen das Freidenkertum und richtet sich in den „Zärtlichen Schwestern", gegen Heuchelei und Untreue in der Liebe, zugleich die steife Pedanterie aufdringlicher Gelehrsamkeit verspottend; in der „kranken Frau" endlich macht sie die Chiromantik lächerlich. Durch alle seine Lustspiele zieht sich wie durch seine Fabeln eine bald leiser, bald deutlicher geübte Satire gegen die Fehler und Schwächen der Frauen, deren Putzsucht, Koketterie und Eitelkeit.· Hersch- und Rangsucht er vor sein nicht allzu strenges Forum zieht. Am lautesten und eindringlichsten wird dieser Tadel in dem „Loos in der Lotterie" und in der „kranken Frau" hörbar. Wenn der ironisch gestimmte Dichter hier der Frauen spottet, so ist diese Satire zum guten Teile doch nur poetische Observanz. Er setzt die Richtung der älteren Satire fort, die er und sein Freund Rabener beschliessen. Später nahm er alles, was er dem anderen Geschlechte Böses nachgeredet, wieder zurück: „ich habe auch in meinen Schriften Niemanden beleidiget, einige übereilte Stellen wider das Frauenzimmer ausgenommen; doch diese Stellen stehen in den Fabeln, und sind auch Fabeln." VIII, 282. In den Lustspielen, wo sie gleichfalls stehen, werden sie auch nicht viel mehr als „Fabeln" sein.

Neben dieser Satire steht die rührende Verherrlichung einfacher Tugenden. Die Einbusse, welche die Komik in der comédie sérieuse erlitt, kam der moralischen Belehrung zu gute, da nun das Lustspiel nicht nur negativ vor den Lastern warnte, sondern auch positiv zur Tugend antrieb; und vielleicht hat gerade diese lehrhafte Absicht in Verbindung mit dem getreuen Realismus der Darstellung, der das sächsische Bürgertum in den Umständen und Vorfällen seines Kleinlebens so genau abzubilden wusste, dem damaligen Publicum zugesagt.

B. Gellerts Comödie.

I. Die Analyse.

Die Einrichtung und der Aufbau von Gellerts Comödien ist äusserst ungeschickt. Keines seiner Lustspiele zeigt eine spannende Entwicklung, die Teilnahme gewinnen und sie festhalten könnte. Vielmehr geht alles bunt und unterschiedslos durch einander, so dass seine Comödie im Grunde nichts weiter ist als eine dialogisierte Darstellung von zufälligen Erlebnissen und Gesprächen innerhalb sächsischer Familien.

In den drei Rührstücken, die wir von ihm besitzen, laufen immer zwei Handlungsreihen bald enger bald loser verknüpft neben einander her. In der „Betschwester" dient die eine Gruppe der Begebenheiten dazu, den Charakter der scheinheiligen Witwe zu illustrieren, die andere stellt die Verlobungsgeschichte dar. In dem „Loos in der Lotterie" geht neben der Wanderung des Papieres die sehr nebensächlich behandelte Liebesgeschichte einher, bis beide Reihen in der Schlussscene in eins zusammenlaufen. In den „Zärtlichen Schwestern" läuft die Julchen- der Siegmundhandlung parallel.

In jedem der drei Stücke spielt die übliche Liebesgeschichte. Der Liebhaber verlässt seine Braut und bewirbt sich um ein anderes Mädchen, oder man versucht es, ein Paar auseinanderzubringen und ein anderes zu vereinigen. So geht in den „Zärtlichen Schwestern" Siegmund von Lottchen zu Julchen über und versucht nachher die ältere Schwester wieder für sich zu gewinnen; in der „Betschwester" wendet sich Simon von Christianchen zu Lorchen, um zuletzt zu seiner ersten Geliebten zurückzukehren; in dem „Loos in der Lotterie" sucht Damon seine Base, die bereits mit

Anton verlobt ist, mit Simon zu verbinden, freilich ohne
Erfolg. Wenn man in pecuniären Nöten ist, so hilft der
Zufall aus: durch eine unvermutete Erbschaft oder einen
Gewinst in der Lotterie. Die Stücke schliessen daher
meistens glücklich: die Liebespaare werden vereinigt. Doch
ehe man in diesen Ehehafen einlaufen kann, fliessen viele
Thränen, die aber der Dichter zuletzt mitleidsvoll in den
feuchten Augen trocknet, die neu aufgehendem Glücke
lächeln sollen. Nur in den „Zärtlichen Schwestern" bleiben die bethränten Wangen nass, und man schaut am Ende
auf des getäuschten Kindes grausam zertrümmertes Liebesglück.

Gellert exponiert gleich in der ersten Scene durch ein
Gespräch über das Thema und Problem, das im Verlaufe des
Stückes abgehandelt werden soll. Zugleich wird uns hier
in direkter Charakteristik die Sinnesart der Hauptperson
dargelegt, so dass wir mit ihr, wenn sie selbst erscheint,
schon vertraut und bekannt sind. So wird Julchen eingeführt in den „Zärtlichen Schwestern", so Frau Richardinn
in der „Betschwester". Nur „die kranke Frau" macht darin
eine Ausnahme, da die Leidende schon beim Aufgehen des
Vorhanges im Lehnstuhl vor uns sitzt. Von da ab geht es
nun im Schneckengange langsam weiter. Die Handlung
wird nicht schlank und gerade aufgebaut, sondern ist vom
Nebensächlichen überwuchert. Man könnte ganze Scenen
herausschneiden oder auch eine neue Reihe einfügen: es
würde in der Hauptsache nicht viel ändern. Die Episoden
übersteigen jedes Mass genau wie im Roman, dessen Überladenheit sich schon in der ungeheuren geographischen Ausdehnung zeigt, die Livland, Schweden, Holland, England,
Russland und Sibirien umspannt. Gellert liebt ein zögerndes
und hinhaltendes Tempo; alles, was geschieht, wird verzettelt
und verschleppt, taucht unter in dem langatmigen Fluss weit
ausholender Erörterungen. Immer gemässigte und temperierte
Stimmung, nur ja keine Leidenschaft. Dafür gähnt eine
öde Langeweile. Denn wenn bei Johann Elias Schlegel sich
die Comödie von Frau Langeweile als einem fremden, ihr

widerstrebenden Wesen trennt,*) so reicht sie ihr bei Gellert freundlich die Hand und weist ihr in ihrem Heim gastlich geräumigste Wohnung an. So ganz Unrecht hat Simon nicht, wenn er sagt: „Es geht hier zu, wie in einer Leichenpredigt." 111,252. Man plaudert und schwätzt. Gefühlvolle Menschen geben wieder, was sie im Inneren bewegt. Man möchte auch Blicke in die Herzen seiner Umgebung thun, spricht von „Entdeckungen" und „Geheimnissen" des Seelenlebens und freut sich wie auf ein köstliches Schauspiel Gefühlsäusserungen bei anderen wahrnehmen zu können. Liebesgeständnisse werden ausgetauscht, Liebende versichern ihre Treue und Beständigkeit und machen einander bang durch unbegründete Fragen und Zweifel, ob man auch noch liebe und beständig treu sein werde. Man belehrt auch einander und bietet hübsche Lehren feil über dieses und jenes, über Ehe, Erziehung, Lektüre, Mode, Putz. Man erbt, man lässt sich beschenken, man gewinnt in der Lotterie.

Die wortreichen und lang ausgesponnenen Erörterungen und Gespräche hängen sich wie Schleppen an die schmächtige und magere Handlung und hemmen ihren Gang. Um sie mühsam vorwärts zu führen, hat Gellert allerhand Mittel, die auch bei seinen Zeitgenossen gäng und gäbe sind: Briefe, eine Erbschaft, ein Gewinn in der Lotterie, Horcherei, eine falsche Nachricht, die folgenschwer wirkt und dann erst berichtigt wird.**) Besonders des plumpen Mittels, dass die

*) „Die Langeweile", ein Vorspiel bei Eröffnung des dänischen Theaters 1747.
**) So kommt in Molières „Femmes savantes" durch die falsche Nachricht von Geldverlusten, welche die Eltern seiner Geliebten erlitten haben sollen, Trissotins habgierige Gesinnung an den Tag; so werden in Nivelle de la Chaussées „Le Retour imprévu" durch einen Brief, der die unrichtige Mitteilung von dem Tode Arimons und der Rettung seines Vermögens bringt, die unredlichen Absichten des Marquis aufgedeckt; so wird in Holbergs „glücklichem Schiffbruch" durch die falsche Botschaft von dem Untergange des Schiffes, welches das Vermögen des Jeronimus enthielt, der Liebhaber Rosiflengius entlarvt, so veranlasst in Lessings „Damon" die falsche Nachricht, dass das Schiff, welches das Vermögen des Leander enthielt, untergegangen sei, dessen Untreue in der Freundschaft gegen Damon.

Personen einander behorchen, kann er nur schwer entraten. Auch in seinen beiden Schäferstücken liegen die Leute versteckt auf der Lauer. Oft merkt man einen Zweck, wenn etwa Siegmunds verräterische Worte aufgefangen werden III,83; manchmal verwendet er es aber auch, ohne etwas damit erreichen zu wollen, wenn beispielsweise Christianchen die Zankscene anhört, in der ihre Mutter Lorchen schilt III,187, oder Philippine das Gespräch zwischen Stephan und Wahrmund behorcht. III,353.

Die Motivierung ist in den Stücken nicht immer wahrscheinlich. Siegmund setzt seinen Treubruch sehr unklug ins Werk. Er hätte, ohne Verdacht zu erregen, Julchen umwerben können, da ihm ja nach dem Plane Lottchens die Rolle zugefallen war, den Liebhaber des Mädchens zu spielen. Aber er ist so einfältig, den Vater Cleon in seine Absichten einzuweihen, und so thöricht, Julchen in Gegenwart des Magisters einen Antrag zu machen. Und der Dichter mutet uns zu, daran zu glauben, dass Cleon am Schluss nach allem, was vorgefallen ist, noch ganz ernsthaft eine Doppelverlobung feiern will. Dieser gutmütige Alte gebärdet sich doch gar zu dumm. Als der ungetreue Siegmund ihm mitteilt, dass er viel zu redlich sei, um Lottchen einen so reichen Mann wie Damis entziehen zu wollen, kann er noch in argloser Gläubigkeit erwidern: „Sie sind die Grossmuth selbst". III,64. Und wie reimt sich mit all diesem, was Damis sagt: „Ihr ehrlicher Vater und der Magister, die Siegmund beide für zu einfältig gehalten, haben seine tückischen Absichten zuerst gemerkt, und Ihr Herr Vater hat sie meinem Vormunde vertraut." III,85. Danach hat Cleon den Betrug Siegmunds durchschaut und auch nicht durchschaut, und das ist widersinnig. Auch will uns nicht einleuchten, warum in einer so wichtigen Angelegenheit Lottchen von ihren Verwandten ein - noch dazu anonymer — Brief geschrieben wird; man ist ja in einem Hause beisammen, und natürlich wäre es doch, wenn die Mitteilung von vornherein mündlich gemacht würde. Konnten Damis und Simon wirklich annehmen, dass durch ein paar Zeilen ohne Namensunterschrift Lottchen in ihrem Glauben an den Geliebten, denn sie seit zwei Jahren kennt, wankend werden würde? Warum sagt Julchen zu Siegmund: „Weil Sie in der Sprache der Liebhaber reden, so muss ich Ihnen in der Sprache der Schönen antworten: Sie müssen mit meinem Papa davon sprechen", III,57, da sie doch ihrem Vater selber eingesteht, dass sie nichts von ihm wissen will? III,70. Man sieht auch nicht recht ein, warum Lottchen sich dem Herrn Simon gegenüber zuerst für die Braut seines Mündels ausgiebt. III,50. Nichts war natürlicher, als dass Carolinchen den Heiratsvorschlag Damons durch die Thatsache zurückweist, dass sie ja schon mit Anton verlobt sei; dass sie dies unterlässt, ist sehr unwahrscheinlich. Auch dass Simon Frau Damon für Frau Orgon ansehen und Damon in der Erregung seine eigene Frau nicht erkennen soll, ist nicht zu glauben. III,288.

Gellert arbeitet in diesen Lustspielen sehr häufig mit dem Mittel des Contrasts. Nach dem Selbstgespräche III,65, in dem Siegmund sein treuloses Vorhaben offenbart, begegnet ihm seine Geliebte, die er verraten will, und er küsst sie mit den Worten: „O könnte ich Sie doch vollkommen glücklich machen!" III,65; und III.79 umarmt das ahnungslose Mädchen selbst ihren treulosen Liebhaber und bietet ihm die eben gewonnene Erbschaft an. Ironisch wirkt es, wenn ganz zuletzt Cleon noch sagen kann: „Dein Siegmund wird schon erkenntlich für deine Treue seyn. Er kann einem durch seine Worte recht das Herz aus dem Leibe reden. Der ehrliche Mann! Wie vielmal hat er mir nicht die Hand geküsst! Wie kindlich hat er mich nicht um meine Einwilligung gebeten! III,101. Frau Richardinn redet das eben gescholtene Lorchen mit „mein liebes Lorchen" an, da sie ihr die erfreuliche Mitteilung von dem Geschenke Simons gemacht hat. III,184. In dem „Loos in der Lotterie" versichert Frau Orgon, die Schwägerin sei ihre Herzensfreundin, und verrät den Ankauf des Looses, um sie bei ihrem Manne zu verklatschen. III,215 f. III,221 f sehen wir, wie Frau Orgon sich über den Putz ihrer Schwägerin ärgert und ihren Mann schmält, weil er von dem Verdruss spricht, den ihm die Sänftenträger veranlasst; III,225 aber giebt sie gerade die Begegnung ihres Mannes mit den Sänftenträgern als Grund ihres Unwohlseins an. III,233 empfängt sie die eben Durchgehechelte mit erheuchelter Freundlichkeit: „Hier kömmt sie, die mitleidige liebe Freundinn!" ebenso III,225: „Ach englische Frau Schwester . . .", III,283 ist Frau Damon hoch beglückt durch den Gewinn ihres Looses, III,288 f dagegen aus allen ihren Himmeln gestürzt, da sie hört, dass ihr Mann das Loos verkauft hat.

Beliebt sind ferner Wiederholungen ähnlicher Motive. Ärger und Neid über den Schmuck einer anderen Frau führt zur scheinbaren Krankheit in dem „Loos in der Lotterie" wie in der „kranken Frau". In analoger Weise wird spöttisch das Glück künftiger Ehe gemalt:

Simon (zu Carolinchen): „Fahren Sie nur fort. Vielleicht heirathen Sie einmal einen Schulmann: so wird Ihnen Ihre Gelehrsamkeit recht gut zu statten kommen. Sie können eine Stunde in Sentenzen und die andere in adagiis mit einander reden. Nachdem wird Ihnen der Kuss oder die Mahlzeit recht gut darauf schmecken." III,271 f.

Philippine (zu Wahrmund): „Und wenn ich heirathe: so will ich keinen andern Mann wählen, als einen Chiromantisten, einen Nativitätssteller. Und alsdann wollen wir bey jedem Kusse, bey jeder Tasse Caffee, im Wachen und Schlafen, im Leben und Sterben einander wahrsagen. O wie hübsch wird das seyn!" III,355. Man will Geld nur im Sinne der Freundschaft und Dankbarkeit annehmen, wie Damon von Carolinchen. III,300 f, wie Wahrmund von Stephan, III,369. Damon verteidigt seine Frau gegen die Verleumdungen der Frau Orgon, III,264 f, wie Stephan die seinige gegen die Anklage Philippinens, III,346 f.

Viele von den Personen treten in den Stücken erst in der Mitte oder gegen Ende auf, so Simon in den „Zärtlichen Schwestern", III,50, so Christianchen in der „Betschwester", III,167, so Simon (III,249) und Anton (III,301) in dem „Loos in der Lotterie", aber wenn sie erscheinen, kennen wir ihr Inneres schon auswendig, und ein neues Interesse, wie ja Lessing im IV. Akt es liebt.*) wird durch ihre späte Einführung, wenn man Simons Freidenkertum ausnimmt, nicht erweckt. Wenn die Stücke sich dem Schlusse nähern, finden sich vordeutende Worte, welche dem Leser vorlaut verraten, was kommen wird. In der „Betschwester" sagt Lorchen zu Frau Richardinn: „Indessen kann ich Sie aufrichtig versichern, dass ich in kurzer Zeit einen liebenswürdigen Mann und ein grosses Vermögen besitzen wollte, wenn ich mich entschliessen könnte, weniger grossmüthig zu handeln." III.182. Zu Christianchen sagt sie III.188: „Sie (die Frau Richardinn) denkt, ich meyne es nicht gut mit Ihnen. Doch sie wird erschrecken, wenn es der Ausgang zeigt, dass ich Ihr Glück dem meinigen vorgezogen habe." III.191 meint sie zu Ferdinand: „Sie (Christianchen) hat mich glücklich gemacht, und ich denke, sie bald eben so glücklich zu machen", und III,199 zu Christianchen: „Genug, Sie sollen bald sehen, dass mir Ihre Zufriedenheit so lieb, wo nicht gar noch lieber, als die meinige, ist", und III,199 f: „Thun Sie nur indessen gegen die Mama, als ob Herr Simon noch Ihr Bräutigam wäre. Wir wollen es nach dem schon machen." In den „Zärtlichen Schwestern" sagt der Magister zu Siegmund: „Warum denn nur Julchen? Ich verstehe Sie. Ich habe ein andermal die Ehre Ihnen zu antworten. Itzt warten meine Zuhörer auf mich." III,62. Mit unverkennbarer Anspielung auf Siegmund fügt Simon dem Lobe seines Mündels die Worte hinzu: „Wir wollen wünschen, dass alle Liebhaber so edelgesinnt seyn mögen, als er." III,79.

Gellert zeigt uns seine Bürgersleute alle beisammen in einem Hause und hält durch dieses einfache Mittel die Einheit des Ortes fest. Nach Gottschedischer Vorschrift und alter, lang fortwirkender Bühnenpraxis**) wird das Theater am Ende jedes Aktes leer, während eines Aktes indessen

---

*) Vergl. Erich Schmidt: Lessing, Geschichte seines Lebens und seiner Schriften. II, 531.
**) Vergl. Heinemann: „Vorhang und Drama". Grenzboten 1890, I, 459 ff.

bleibt die Scene immer mit Personen besetzt. Es fällt ihm nun sehr schwer, selbst auf diesem beschränkten Raume seine Figuren im Wechsel der Scenen auftreten und abgehen zu lassen. Wenn eine Person auf der Bühne erscheint, so wird auf sie hingewiesen mit einem: „Hier kömmt Herr Damis", III,19, „Da kömmt Lorchen", III,147, „Da kommen sie", III,170, . . . so geht es in einem fort und vor der Ensemblescene am Ende der „Zärtlichen Schwestern": „Da kommen sie alle", III,102. Ganze Scenen dienen nur dazu, um Personen umständlich von der Bühne zu entfernen. Dieses ewige Auf und Ab, dieses Kommen und Gehen, Begrüssen und Scheiden wirkt unnatürlich. Die Leute dieser Welt scheinen nichts anderes zu thun zu haben, als einer nach dem anderen aufzutreten und bequeme Gespräche zu führen, um dann wieder zu verschwinden. Das Abgehen von der Scene wird sehr häufig mit häuslichen Beschäftigungen begründet und damit wenigstens immerfort auf die Heimlichkeit der häuslichen Welt hingedeutet, von der in diesen Stücken alles umfangen ist.

Denn Gellerts Stücke sind Familienstücke; das kleinbürgerliche Element waltet in ihnen vor. Schon die Zeitgenossen haben die saubere und getreue Nachzeichnung des damaligen Mittelstandes gerühmt. Der erste Kritiker jener Tage, Lessing, urteilt über sie: „Ohnstreitig ist unter allen unsern komischen Schriftstellern Herr Gellert derjenige, dessen Stücke das meiste ursprünglich Deutsche haben. Es sind wahre Familiengemälde, in denen man sogleich zu Hause ist; jeder Zuschauer glaubt, einen Vetter, einen Schwager, ein Mühmchen aus seiner eigenen Verwandtschaft darin zu erkennen."[*] Die Wirklichkeit, die er nachbildet, ist indes sehr gewöhnlich, und nirgends versucht er durch liebe- und phantasievolle Vertiefung ihr einen anheimelnden Reiz zu geben; doch wird man mitten in dieser seiner baren Prosa eine kulturhistorisch treue und darum auch wertvolle Dar-

---

[*] Hamburgische Dramaturgie, 22. Stück = G. E. Lessings sämtliche Schriften, III. Aufl. v. Fr. Muncker, IX. Bd. S. 273.

stellung der bürgerlichen Zustände des damaligen Sachsens anerkennen müssen.

Was uns heute an Gellerts Lustspielen auffällt, ist der völlige Mangel an äusserer Bewegung und dramatischem Leben. Obschon er selbst Vorschläge zur Verbesserung der Theaterverhältnisse gemacht und in einem Briefe betont hat (IV, 130), dass die Comödie erst auf der Bühne lebendig und gegenwärtig wird, so hat er seine Lustspiele doch ohne solche Rücksicht ausgearbeitet: es sind die trockenen Stubenprodukte eines Menschen, der auf den Brettern ein Fremdling ist. Stürmische und heftige Auftritte werden gemieden. Die Theorie verbot für die Gattung des weinerlichen Lustspiels drastische Situationen und derbe Komik von Lachen erzwingender Gewalt. Sie sollte weniger Gelegenheit zu einem lauten Gelächter, als vielmehr zu einer leisen Heiterkeit geben; und so sind auch in Gellerts Comödien Spott und neckender Scherz da und dort verstreut aufzufinden, und über einigen wenigen Scenen ist eine leise Ironie gebreitet, ein kaum merkliches Lächeln scheint über sie zu spielen, ein Anflug von jener Schalkheit, die uns so oft in seinen Fabeln entzückt. Kann Gellert hier muntere und lustige Töne anschlagen, so wird der tugendsame Mann obendrein lasciv. Die sonderbare Verbindung von Frivolität, Tugend und Frömmigkeit, die für seine Fabeln und seinen Roman kennzeichnend ist, finden wir auch in seinen Lustspielen. Namentlich sein „Loos in der Lotterie" ist mit leisen Lüsternheiten reichlich gewürzt, aber auch in den anderen Stücken fehlen sie keineswegs mit Ausnahme der „Zärtlichen Schwestern", die auch darin das ernsteste seiner Lustspiele sind. Seiner Theorie ist Gellert in diesem Punkte untreu geworden. Seiner Forderung, man solle auch „in den guten Stücken die freyen und anstössigen Stellen wegwerfen, und also sorgen, dass beide Geschlechter ohne Gefahr alle Comödien anhören könnten, und nie die einen bey dem Händeklatschen der andern die Augen niederschlagen dürften" (IV, 131 f), ist er selbst nicht nachgekommen.

11. Die Personen.

Gellert selbst urteilt über die Personen des Lustspiels: „Ein geiziger Orgon, eine eitle und verleumderische Clelia, ein unerträglicher und grosssprecherischer Damon auf dem Theater, sind nichts, als der Geiz, die Verleumdung, und Grossprecherey selbst." IV,125. Auch in die Sprache dringt diese Abstraction ein durch die zahlreich auftauchenden Ausdrücke: „Der Herr Vormund ist ja die Leutseligkeit und Dienstfertigkeit selbst." III,34. „Sie ist ja die Gutheit und Unschuld selbst." III,43. Ist sie nicht die Sittsamkeit selbst?" III,55. „Sie sind die Grossmuth selbst." III,64. Sie ist noch die blosse Unschuld." III,191. „Sie sind die Galanterie selbst." III,267. „Sie sind ja die Gefälligkeit selbst." III,362. Seine Figuren sind wie Illustrationen und Verkörperungen einer bestimmten Eigenschaft, darin nicht unähnlich den Characteren, die Gellert zur Veranschaulichung seiner Ethik in seine moralischen Vorlesungen einflocht, um an ihnen eine Eigenschaft lobend oder tadelnd zu personificieren[*]). Auch sie kommen uns wie Paradigmata zu seiner Sittenlehre vor, an denen er Tugend und Laster anerkennend oder aburteilend exemplificieren will. Und doch kann man sie nicht als Typen nehmen; denn sie machen durch die Art, wie sie sich geben, Anspruch auf individuelles Leben, nur dass Gellert dieses nicht glaubhaft darzustellen versteht. Der kluge Beobachter sächsischen Kleinlebens hat zwar Neigung zu subtilerer Charakteristik, aber es will ihm damit nicht recht gelingen, und man merkt immer die unsichere Hand eines noch gar unbeholfenen Bildners. Meist bleibt er doch in den starren Formen lebloser Verallgemeinerung stecken. So ist Siegmund der treulose Heuchler, Frau Orgon die verleumderische Kokette, Herr Orgon das Phlegma in Person, Lottchen das herzensgute Mädchen, Anton der gute Jüngling. Auch Lessing meint im 22. Stück der Hamburgischen Dramaturgie: „Unsere Thorheiten sind bemerkbarer als bemerkt;

---

[*]) Ähnlich in den moralischen Wochenschriften und in Rabeners Satiren.

im gemeinen Leben sehen wir über viele aus Gutherzigkeit hinweg; und in der Nachahmung haben sich unsere Virtuosen an eine allzuflache Manier gewöhnt. Sie machen sie ähnlich, aber nicht hervorspringend. Sie treffen; aber da sie ihren Gegenstand nicht vortheilhaft genug zu beleuchten gewusst, so mangelt dem Bilde die Rundung, das Körperliche; wir sehen nur immer Eine Seite, an der wir uns bald satt gesehen und deren allzuschneidende Aussenlinien uns gleich an die Täuschung erinnern, wenn wir in Gedanken um die übrigen Seiten herumgehen wollen."

Am Ende der Stücke sind seine Personen meistens genau das, was sie am Anfange, da der Vorhang hoch ging, auch waren. Sie durchleben keine Entwicklung, und es ist ja auch schwer zu sagen, wie in einem Zeitraum von höchstens zwölf Stunden ein Mensch sich gross ändern soll. Man sieht, wie auch von dieser Seite die Theorie von den drei Einheiten zur Verarmung und Verknöcherung führen muss. Gleichwohl hat es Gellert versucht, in dieser knappen Frist Personen sich auswachsen zu lassen, aber dieser Versuch, Charactere zu entfalten, ist ihm missraten. Er entwickelt sie nicht, er bricht sie. Siegmund erscheint zunächst durchaus als ein ehrlicher Geselle, bis sein Character plötzlich ins Gegenteil umschlägt, und er ganz unvermittelt vor den Augen des betroffenen Zuschauers sich als Betrüger entpuppt. Sehr ungeschickt werden uns erst hinterdrein allerhand kleine Züge aus seinem früheren Leben aufgezählt, die sein lockeres und leichtsinniges Wesen erklären sollen, aber eben nicht erklären können. Denn es fehlt jedes Bindeglied zwischen dem Heuchler, der treulos sein treues Lieb verlässt, und dem beständigen Liebhaber, der zwei Jahre bei seinem unbemittelten Mädchen aushielt. Auch die Zeichnung Julchens ist verfehlt. Gellert wollte darstellen, wie die scheu Zurückhaltende, die eigensinnig Widerstrebende mählich doch zu einem offenen Bekenntnis ihrer unklaren Gefühle, ihrer Liebe gedrängt wird, aber wir schauen in diesem spröden Mädchen, in deren Wesen er eine ängstliche Scham der Empfindung sehr seltsam mit freiheitlichen Wünschen mischte, zu sehr das gekünstelte und verschrobene Ding mit den wunderlichen Launen und Grillen im jungen Kopf, als dass wir an die Wahrheit dieser Gestalt glauben und meinen könnten, im wirklichen Leben irgendwo ihresgleichen zu finden. — Statt die Wesenszüge eines Menschen natürlich und glaubhaft zu mischen, legt er sie neben einander, Eigenschaft neben Eigenschaft. Er verliert dadurch das überzeugende, lebendige Ineinanderspielen mannigfaltiger Kräfte und Anlagen, und die Personen nehmen sich nun wie die Träger äusserlich zusammengestellter Eigenschaften aus. Simon im „Loos in der Lotterie" ist Deutschfranzose, Freigeist, Geck und Wüstling in einer Person, aber dieses Gemisch hätte ein anderer natürlicher vollzogen; dem Spieler sind die einzelnen Züge doch mehr äusserlich angedichtet, als dass sie wirklich in ihm mit einander verwachsen wären, und die Figur bekommt dadurch etwas Unnatürliches.

Wenn Philippine einmal in „der kranken Frau" zu Stephan sagt: „Den Beweis, dass Ihre Frau Liebste so ist, wie ich gesagt habe, kann ich Ihnen nicht vormalen. Sie müssen ihn in ihren Handlungen suchen." III, 348. — so müssen wir leider von Gellerts Figuren vieles auf Treu und Glauben annehmen, was wir an ihrem Verhalten selbst nicht zu controlieren vermögen. Man wird ja eine discret geübte directe Characteristik, die nicht Züge, die sie handelnd nie enthüllt, äusserlich auf eine Person überträgt, sondern dem Erkennen und Anschauen durch aufgesteckte Lichter bloss zu Hilfe kommt, gewiss nicht bemängeln, aber die directe Belehrung darf nicht aufdringlich werden. Bei Gellert lernen wir die Personen viel zu sehr durch das kennen, was sie von sich aussagen, was man uns von ihnen erzählt, als durch das, was sie thun. Weitläufig erklären diese Menschen ihre Stimmungen und Gefühle, ihr Wesen und Sein. Auch die Monologe dienen diesem Zweck. Man lese etwa die umfangreiche directe Exposition des Characters der Betschwester in den Anfangsscenen des Stückes, die bereits das meiste realistische Detail vorwegnimmt. Ebenso wird uns in zwei grossen Scenen das Naturell Christianchens auseinandergesetzt (III, 155 f. und III, 158 f.), so dass wir ihr Wesen schon genau kennen, wenn sie selbst (III, 167) auf der Bühne erscheint. In der „kranken Frau" streitet sich Stephan mit Philippine über das Wesen seiner Gattin. III, 346 f. Im „Loos in der Lotterie" lässt sich Herr Orgon im Gespräche mit Frau Damon eingehend über sein bequemes und passives Wesen aus, und auch sonst liebt er es, von seiner Person zu plaudern. Ähnlich setzt Frau Damon ihrer Nichte weitläufig die Sinnesart der Frau Orgon auseinander, und Carolinchen erwidert: „Das ist ein vortrefflicher Charakter!" III, 237. Und als Damon ihr selbst ihr Wesen schildert, wie es ihm sich darstellt, entgegnet sie: „Das ist ja ein vortreffliches Verzeichnis meiner Eigenschaften und ihrer Quellen. Sie werden ja recht sinnreich, wenn sie mich beschimpfen wollen. Merken Sie sich doch diesen Charakter. Sie können ihn weiter ausführen und an den Bruyere drucken lassen." III, 245. Als sich Ferdinand bei Lorchen nach dem Gebahren seiner Muhme erkundigt, bittet er sie: „Machen Sie mir doch einen kleinen Charakter von ihr." III, 142. Daraus erkennt man deutlich, wie sehr sich der Dichter in seinen Stücken der directen Art der Characterzeichnung bedient hat. Das geht bei Gellert sogar so weit, dass man geradezu in Form einer Zweiteilung scheiden kann zwischen dem direct und dem indirect gezeichneten Menschen. So sehen wir in Damis nur den unerhört schmachtenden, leicht gerührten Liebhaber, daneben aber wird versichert, dass er die Freude und der Stolz seines Vormundes, sehr fromm, gelehrt und auch galant sei.

Wie diese Menschen uns zu wenig durch reichere Handlung anschaulich und lebendig werden, so erfahren wir auch nur wenig von ihrem Aeusseren. Gar nicht ungeschickt weiss uns Gellert allerdings über die äussere Erscheinung Julchens zu unterrichten:

Lottchen (zum Damis): Ich wollte Ihnen ein schönes, junges, liebenswürdiges Frauenzimmer mit einem Rittergute anbieten, wenn Sie Julchen wollten fahren lassen.

(Zu Julchen): Sie ist fast so schön, wie du . . . .

sie hat freylich schöne grosse blaue Augen, fast wie du;*) eine gefällige Bildung, und eine recht erobernde Miene; kleine volle runde Hände." III,66. Sonst aber erfahren wir nur noch das Aussehen von Henriettens Bräutigam Charles, das diese selbst uns schildert: „Ja, ein Blondin ist er. Recht, mein Herr, schöne grosse blaue Augen hat er, rechte gewölbte Augen, und ein weisslichtes Haar, so weich wie Seide. Die Blicke blieben recht in den Locken hangen; so schön, so methodisch wusste er sie zu frisieren. Was ich Ihnen sage, er hat den Hut binnen vier Jahren, Sommer und Winter, im Schnee und Regen, aus Liebe zu mir, nicht auf den Kopf gebracht." III,366 Über Gebärde und Mienenspiel der Personen erfahren wir einiges gelegentlich durch Scenarbemerkungen und andeutende Worte in der Unterhaltung; am reichlichsten geschieht dies in jener rührseligen Zwiesprache der beiden Liebenden. (III,47 f.). Hier hat Gellert die beiden Figuren wirklich deutlich vor sich gesehen, und auch wir vermögen ihre Bewegungen nach seinen Anweisungen genau zu verfolgen. Im grossen und ganzen aber sind solche Andeutungen nur spärlich vorhanden, und der Weg ist von hier noch weit bis zu der symptomatischen Charakterisierungskunst eines Heinrich von Kleist, der hellen Auges auch die kleinsten Bewegungen seiner Geschöpfe erschaut.

Es klingt uns sehr befremdend, wenn die Personen dieser Lustspiele, die doch insgesamt nichts Hervorragendes geleistet haben, so oft von ihren Verdiensten reden und diese

---

*) Bei der Beschreibung des Generals Laudon wendet Gellert das „fast wie ich" ebenso häufig an wie bei der Schilderung Julchens das „fast wie du": „Der General Laudon, ein Mann von einem besondern Charakter: ernsthaft, bescheiden, halb traurig, fast wie ich; der wenig redte, fast wie ich . . . . hat nachsinnende, tief im Kopfe eingeschlossne lichtgraue Augen, oder auch wohl bläuliche, fast wie ich." Auf diese Zeilen erwidert Caroline Lucius: „Der General Laudon ist mir unter allen Ihren neuen Bekannten am liebsten, wegen des vielen „fast wie ich." Briefwechsel Chr. F. Gellerts mit Demoiselle Lucius, hrsg. von F. A. Ebert. Leipzig 1823 S. 231 **und S. 248.**

gegen einander abwägen. Man vergleiche III,21, 32, 55, 70, 173, 176. Von der Stellung, die sie im Leben einnehmen, erfahren wir nicht viel. Den Beruf des Herrn Damon teilt uns Simon mit: „Er ist ein Bourgeois. Er taugt in Frankreich zu keinem Thürsteher, und hier ist er, glaube ich, gar ein Aufseher über eine öffentliche Casse." III,266. Herr Stephan in der „kranken Frau" ist ein Rechnungsführer. III,344. Dies sind aber auch die beiden einzigen Stellen, wo uns über die Lebensstellung dieser Leute Aufklärung gegeben wird. Sie alle mögen auf dem Niveau mittlerer Bildung stehen. Dabei ist bemerkenswert, dass Gellert niederen moralischen Wert auch gern mit geringerer Geistesbildung gattet. Frau Orgon versteht kein Französisch, Herr Damon fragt, was die französischen Worte „pour la vertu" bedeuten, und Frau Richardinn weiss nicht, ob Richardsons Roman „Pamela" oder „Pemala" heisst. Genauer werden wir über die Fertigkeiten der Mädchen unterrichtet. Im Gegensatze zu dem Roman, wo die junge Adlige „Vormittags ... als ein Mann, und Nachmittags als eine Frau erzogen" wird (IV, 195), verlangt man in den Lustspielen von den bürgerlichen Mädchen nicht, dass sie gelehrte Kenntnisse besitzen. Und eine gelehrte Frau war auch nicht im Sinne des Verfassers, der vielmehr mit Carolinchen einverstanden war, wenn sie Simon erwidert: „Mein Herr, ich lese nicht, um gelehrt zu werden, sondern um meinen Verstand und mein Herz zu verbessern. Ich dächte, jeder vernünftige Mann sollte das Frauenzimmer dazu aufmuntern. Je klüger wir bey unsern weiblichen Geschicklichkeiten uns zu werden bemühen, desto glücklicher sind die Männer, die mit uns leben wollen." III,272. Ähnlich schreibt er seiner Freundin Erdmuth von Schönfeld, als er ihr eine Reihe Bücher zur Lektüre empfahl: „Fürchten Sie nicht, dass ich Sie zum gelehrten Frauenzimmer verführen will; nein, die deutsche Sprache ist keine gelehrte Sprache, und wie ich die Gelehrsamkeit überhaupt nicht so gar sehr liebe, so dulde ich sie am wenigsten an einem Frauenzimmer." (Dahlener Antiquarius, I. Leipzig 1861. S. 33.) Und an Caroline Lucius schreibt er: „Vor gelehrten Frauenzimmern erschrecke ich, weil ich fürchte, dass sie etwas anders sind, als sie seyn sollen; aber Frauenzimmer von Ihrem Charakter, die über die weiblichen Pflichten, die sie erlernen, sich durch das Lesen guter Bücher den Verstand aufheitern, und das Herz edler bilden, diese achte ich sehr hoch."*) Sein Biograph Cramer erzählt uns: „Immer wünschte er, dass ihre Sittsamkeit ihren Witz übertreffen möchte; ja er glaubte, dass sie das Wohlanständige einer gewissen Art von Unwissenheit, die man ihnen aus vernünftigen Gründen wünschen muss, nicht beleidigen und sich hüten müssten, das Ansehen gelehrter Frauenzimmer haben zu wollen. X,286. Die Mädchen in diesen Lustspielen besitzen also eine gewisse Bildung, aber sie sind nicht im eigentlichen Sinne gelehrt. Sie treiben Musik, beschäftigen sich ein wenig mit den neueren Sprachen, sprechen ein leidliches Französisch, schreiben einen guten Brief,**) dazu ein Anhauch von der modernen schöngeistigen Litteratur. Von ihrer Lectüre werden genannt: die Bremischen Beyträge III, 59, die Fabeln von La Fontaine und Hagedorn III, 58, der Jüngling III, 343, Richardsons Roman „Pamela" III, 165, des älteren Racine Tragödien und des jüngeren Racine Gedichte von der Religion III, 271, Saurins Reden III, 234, Scrivers Seelenschatz III, 186, Talander III, 350, mehrmals der Zuschauer, über den Simon das Urteil spricht: „Der Zuschauer ist ein schwermüthiger Engelländer, den es verdriesst, dass andere Leute nicht melancholisch sind. Er kriechet unter lauter Kleinigkeiten herum und phantasieret, dass ihn die Leute für gelehrt halten sollen." III, 271. In den Bremer Beiträgen im III. Bande werden noch erwähnt: „der Fremde"

---

*) Briefwechsel mit Demoiselle Lucius S. 20.
**) Cleon sagt zu seiner Tochter Julchen: „Du redest artig. Da werden die Töchter studieren können, wie die Söhne. Du kannst ja auf der Laute spielen. Du kannst schön singen. Du kannst dein Bischen Französisch. Du schreibst einen feinen Brief und eine gute Hand. Du kannst gut tanzen, verstehst die Wirthschaft, und siehst ganz fein aus; bist ehrlicher Geburt, gesittet und fromm, und nunmehr auch ziemlich reich. Was will denn ein Mann mehr haben?" III, 69 f.

III,425, die Schriften des Abtes Mosheim III,403 und Popes „Essay on Man" III,370. Was die Gruppierung seiner Personen betrifft, so liebt es Gellert, zu contrastieren. Er contrastiert Gruppen, er contrastiert einzelne Personen; aber diese Contraste bleiben alle ziemlich äusserlich und flach und werden nicht genauer ausgearbeitet und vertieft. In dem „Loos in der Lotterie" hat er zwei Haushaltungen einander gegenübergestellt. In der einen ist es der Mann, der das Regiment führt, in der anderen commandiert wie in manchen Fabeln die Frau. Er contrastiert den Phlegmatiker Orgon mit dem Choleriker Damon; er stellt die gute Hausfrau Damon neben die eitle Kokette, die lose Henriette neben die ernstere Philippine. In den „zärtlichen Schwestern" sind die Geschwister ihrem Wesen und ihrem Schicksal nach im leichten Gegensatz gezeichnet, ebenso ihre beiden Liebhaber. Das ältere, verständigere Lottchen, die offen ihre Liebe bekennt, steht neben dem jüngeren, schöneren Julchen, die von Liebe nichts wissen mag. Die eine hat einen verschuldeten und ungetreuen Liebhaber, der sie verlässt, um die Erbschaft Julchens zu gewinnen, die andere einen reichen und beständigen Geliebten, dem es lieb ist, dass seine Braut ihr Vermögen einbüsst, damit die Welt nicht glaube, er habe sie des Reichtums wegen genommen. Die Liebespaare sind ähnlich contrastiert wie im Schäferstück. Das eine Paar ist einig, und die Aufgabe des Stückes ist, das andere zu vereinigen. Am Ende schauen wir das umgekehrte Bild: die Liebenden, die vorher verbunden waren, sind nun getrennt, die, welche getrennt waren, verlobt. Die Liebhaber sind entweder treu und ehrlich, wie Anton, Damis, Simon oder leichtfertig und flatterhaft wie Siegmund und der Deutschfranzose. Die Ehepaare, die Gellert darstellt, sind alle kinderlos. Das Weib kommt nur als Gattin oder Liebhaberin in Betracht; weder in seinen Fabeln noch in seinen Lustspielen hat er es je als Mutter gezeichnet. Die verwitwete Betschwester hat allerdings eine Tochter, aber sie erweist sich ihr nicht eben mütterlich. Wir schauen nur, wie sie mit ihr zankt, und auch die Art, wie sie ihr Kind erzogen, kann, soviel wir davon hören, nicht sehr liebreich gewesen sein. Die Gattinnen scheiden sich in zwei Gruppen. In der einen steht die tugendsame Hausfrau: Frau Damon; die anderen sind eitel und kokett: Frau Orgon, Frau Stephan. Von den Liebhaberinnen sind die einen ernster gestimmt und tiefer veranlagt, die anderen leichter geschürzt, munter und lose. Besonders stehen Christianchen und Julchen: diese widerstrebt der Liebe, jene erweist sich ihr gegenüber gleichgiltig, beide werden zur Liebe bekehrt. Doch wie verschieden geartet diese Mädchen auch sein mögen, Liebhaberinnen sind sie alle, und sie alle schauen wie in den Fabeln gern in den Spiegel, haben ihre Freude an Putz und Schmuck, kleiden sich nach der Mode und sind in der Liebe nicht allzu ängstlich und schüchtern, darin echte Kinder des galanten Kleinparis.

Durch eine feste Überlieferung war dem Dichter bereits ein guter Teil seines Personals gegeben; denn in der Entwicklung des Lustspiels kann man beobachten, wie bestimmte Figuren immer wiederkehren und allmählich zu Rollen erstarren, die als solche in das traditionelle Rüstzeug der Comödie eingehen, das sich wie eine bequeme Maschinerie weiterpflanzt. In keiner Gattung lässt sich wohl dieses mechanische Fortwirken in der Einrichtung des Stückes, in Stoffen, Motiven und Figuren so deutlich verfolgen, wie in der Comödie. In seinem Personal nun hat Gellert manches Stereotype preisgegeben. So hat er, wie Erich Schmidt betont hat,[*] die dreiste Bedientenwelt aus dem Bereich seiner Comödie verstossen. Er hat damit zwar ein französisches Element, den frechen valet und die kecke und vorlaute suivante, die erst Lessing in seinem Just und in seiner Franziska zu nationalen Gestalten umformen sollte, entfernt und seinen Lustspielen ein mehr heimisches Aussehen gegeben, als die seiner Zeitgenossen besitzen, aber die Vertriebenen haben doch eine empfindliche Leere zurückgelassen. Nun vermisst

---

[*] Vgl. den biographischen Artikel über Gellert von Erich Schmidt in der „Allgemeinen deutschen Biographie" VIII,546.

man bei ihm die Intrigue, die, mag sie auch meist sehr nach der Schablone zugeschnitten gewesen sein, doch wenigstens den Zuschauer zum Aufmerken nötigte und sein Interesse wach erhielt.*) und mit ihnen ist auch ihre lustige Begleitung, drastische Komik und volkstümlich derbe Redeweise, ausgezogen. Der Geist der rührsamen Gattung war es, der das Treiben der Bedienten untersagte und damit das dramatische Leben schädigte und hemmte. Ausser den Domestiken fehlen noch manche andere, sonst stehende Figuren, doch bleibt immerhin noch genug von der althergebrachten Schablone übrig. Gellert zeichnet zänkische Ehepaare, die auch in den Lustspielen der Zeit so häufig vorkommen. So zanken sich bei Destouches im „Médisant" der Baron und die Baronin mit einander, während in der „Fausse Agnés" (von Frau Gottsched übersetzt: „Der poetische Dorfjunker". Deutsche Schaubühne, III. Theil. Leipzig 1746. S. 443—560) das Motiv so gewandt ist, dass die Frau dem Manne scheinbar nachgiebt, ihn aber gerade dadurch völlig beherrscht. Sehr häufig tritt später das zänkische Ehepaar in den Lustspielen von Christian Felix Weisse auf. Gellert formt das traditionelle Paar ein wenig um; denn bei ihm sind die Eheleute bald ganz einig und friedsam, bald zanken sie mit einander. (vgl. III,211 f, 356 f, 358, ebenso lobt Damon seine Frau, weil sie schön und tugendhaft ist, bald schimpft er auf sie, weil sie Geld in die Lotterie legt.) Diesen Zug bildete Lessing nach in seiner „Alten Jungfer".**) Auch in Gellerts Fabeln kommen zänkische Ehepaare vor, doch ist hier die Auffassung noch viel pessimistischer, da ein glückliches Ehepaar nur existiert, wenn beide acht Tage nach der Hochzeit sterben (I,146). Die Frauen führen also in den Lustspielen meistens das Regiment; sie erscheinen als Xantippen; so bei Gellert Frau Orgon, Frau Stephan. Ähnlich muss sich in Holbergs „Jean de France" der Mann dem Willen seiner

---

*) Ein Ansatz zu einer Intrigue, die Lottchen einfädelt, findet sich nur in den „Zärtlichen Schwestern". III,20.

**) G. E. Lessings sämtliche Schriften, hrsg. von K. Lachmann. III. Aufl. von Franz Muncker, III. Bd., S. 204.

Frau Magdelone fügen. Die Gatten sind eben Pantoffelhelden. Herr Orgon und Herr Stephan gehorchen gradeso dem Willen ihrer Gebieterin, wie Herr Friedlieb in Uhlichs „Unempfindlichem"*) und Herr Ahnenstolz in Frau Gottscheds „ungleicher Heirath".**) Auch die Listen und Ohnmachten der Frauen, die sich krank stellen, waren häufig Gegenstand komischer Behandlung. Frau von Tiefenborn in Frau Gottscheds „Testament" stellt sich krank, um die Gesinnung ihrer Schwester-Kinder auszuforschen, in Frau Gottscheds „ungleicher Heirath" wird das Motiv von Frau von Ahnenstolz so gewandt, dass es vornehm lässt, wenn man kränkelt und nicht immer gesund ist „wie ein Drescherweib".***) Bei Gellert spielen Frau Orgon und Frau Stephan die eingebildeten Kranken. Wenn es Frau Richardinn gar nicht unlieb wäre, noch einmal in die Ehe zu treten, so wird hier das stehende Motiv von der Heiratslust alternder Frauen angeschlagen. Einen genauen Anklang an diese Stelle bieten die ersten Worte in Lessings „Alter Jungfer":

Hr. Oronte: Ach! Grillen, dazu wird man nimmermehr zu alt! und wie alt sind Sie denn? Wie lange ist es, dass ich Sie noch habe auf dem Arme herum tragen sehn? Wenn es 50, ein, zwey — je nu — etliche funfzig Jahr — —

Jgf. Ohldin: Warum nicht achtzig gar? Wenn Sie mich für so alt halten, was reden Sie mir viel vom Heyrathen vor?†)

Ebenso in der „Betschwester" III, 196:

Ferdinand: . . . Ich würde Ihnen nicht zur Ehe rathen, Frau Muhme, da ich weis, dass Sie in sechzig sind.

Fr. Richardinn: Warum nicht lieber in achtzig? Ich muss am besten wissen, wie alt ich bin. Es lässt sich mit meinen Jahren noch wohl halten.

Auch die alte Frau Oberstin in Frau Gottscheds „Testament" steuert auf eine Heirat los.

---

*) Die deutsche Schaubühne. Leipzig 1749. VI. Theil. S. 397.
**) Die deutsche Schaubühne. Leipzig 1748. IV. Theil. S. 75 f.
***) Die deutsche Schaubühne. Leipzig 1748. IV. Theil. S. 113.
†) G. E. Lessings sämtliche Schriften. III. Aufl. von Fr. Muncker. III. Bd. S. 201 f.

Betschwestern kommen ebenfalls in den Lustspielen der Zeit vor. Krüger stellte in seinem derben Tendenzstück „Die Geistlichen auf dem Lande" eine bigotte Frau von Birkenhayn dar, die aber am Ende zur Einsicht kommt und ihre Tochter nicht an einen der beiden Geistlichen, sondern an einen liberal denkenden Philosophen verheiratet;*) und Frau Gottsched brachte in der „Pietisterey im Fischbein-Rocke"**) eine Frau Glaubeleichtin mit ihren beiden Betschwestern, der Frau Zanckenheimin und der Frau Seuffzerin, auf die Bühne; doch wird die bloss irregeleitete Frau am Schluss über das ruchlose Treiben ihrer Verführer aufgeklärt. Auch wäre hier auf Molières „Misanthrope" hinzuweisen, wo Célimène über Arsinoé urteilt (III. Akt, 5. Scene):

„Cette hauteur d'estime où vous êtes de vous,
Et ces yeux de pitié que vous jetez sur tous,
Vos fréquentes leçons et vos aigres censures
Sur des choses qui sont innocentes et pures,
. . . .
Elle est à bien prier exacte au dernier point;
Mais elle bat ces gens, et ne les paye point.
Dans tous les lieux dévots elle étale un grand zèle;
Mais elle met du blanc et veut paraitre belle."***)

Der einzige Vater in diesen Stücken, Cleon, ist so gehalten wie meist in den Lustspielen der Zeit; man denke an Herrn Germann in Frau Gottscheds „Hausfranzösin",†) der völlig unter dem Einfluss der französischen Eindringlinge steht. Der Vormund erscheint in seiner üblichen Rolle als Heiratsstifter: so Simon für Damis, der unbenannte Vormund in der „Betschwester" für Simon; und Damon in dem „Loos

---

*) „Die Geistlichen auf dem Lande." Ein Lustspiel in drey Handlungen. Zu finden in der Franckfurter und Leipziger Michaelis-Messe 1743.
**) „Die Pietisterey im Fischbein-Rocke oder die Doctormässige Frau." Rostock 1736.
***) Vgl. Georg Ellinger: Gellerts Fabeln und Erzählungen. Berlin 1895. S. 12.
†) Die deutsche Schaubühne. Leipzig 1749. V. Theil, S. 67—190.

in der Lotterie" will sein Mündel, den Deutschfranzosen, an Caroline verheiraten. Ebenso vereinbart Staleno in Lessings „Schatz" die Verbindung seines Mündels Leander mit der Tochter des Anselmus.*) Der hilfbereite, vermittelnde Onkel der französischen Comödie erscheint im Magister, wenn er Cleon beisteht, Julchen zu einer Heirat zu bewegen, und in Richard, wenn er mit seinem Elixir die Krankheit seiner Schwägerin heilen will. Einen pedantischen Gelehrten, wie den Magister, verspottet Lessing in detaillierterer Weise in dem „jungen Gelehrten" und Destouches machte in seinem „philosophe marié" die Thorheit eines Gelehrten lächerlich, der sich schämt verheiratet zu sein; auch wäre an Holbergs „Erasmus Montanus" zu erinnern. Die Gestalt des Deutschfranzosen ist angelehnt an den Jean de France bei Holberg und an den Franz in Frau Gottscheds „Hausfranzösin"; einen Freigeist hatte schon Destouches im „tambour nocturne" verspottet (den Marquis). Die Sitte der Zeit, schon im Namen den Character eines Menschen anzumelden**), hat Gellert nur einmal mit leichter Ironie mitgemacht, wenn er in der „kranken Frau" dem dort auftretenden Chiromantiker den Namen Wahrmund giebt. Die französischen Namen: Cleon, Damis, Orgon, Simon sind für diese Zeit ebenso characteristisch, wie später unter dem wachsenden Einfluss Englands die britischen Namen Mode werden.

Wenn also Gellert im grossen und ganzen noch in den ausgetretenen Gleisen der Überlieferung einhergeht und die stehenden Rollen in seiner Comödie nicht missen mag, so haben wir doch andererseits beobachten können, dass der sächsische Dichter danach strebt, aus einer kindlich unbeholfenen Art der Characterzeichnung herauszukommen und die Menschen, die er in den sächsischen Häusern vorfand, in genauerer Weise uns zu vergegenwärtigen, als bisher in der Comödie üblich war; doch hat er es in diesen Bestre-

---

*) Lessings sämtliche Schriften III. Aufl. II. Bd. S. 125—170.
**) Frau Gottsched und die bürgerliche Komödie. Ein Kulturbild aus der Zopfzeit von Paul Schlenther. Berlin 1886. S. 150 f.

bungen nur zu sehr bescheidenen Ansätzen und Versuchen gebracht. Den Bann einer schablonenhaften Tradition völlig zu überwinden blieb einem Grösseren, blieb Lessing vorbehalten, der in seiner „Minna von Barnhelm" als der erste Lustspieldichter wirklich lebenswahre Menschen auf die Bühne stellte.

C. Die einzelnen Lustspiele.

1. „Die Betschwester."

Gellerts „Betschwester" erschien zuerst in den Bremer Beiträgen*) (1745). Es ist sein erstes Lustspiel und zugleich das erste Rührstück Deutschlands.

Frau Richardinn, gegen die sich in diesem Stücke die Satire richtet, erscheint nicht sofort auf der Bühne, sondern erst, nachdem wir durch Lorchen mit ihrer Denkart bekannt geworden sind, tritt sie auf, und man empfängt die sorgsam Angekündigte mit Neugier. Diese Art zu exponieren gemahnt bei der Ähnlichkeit der Themata von fern an die Expositionsmanier des „Tartuffe"; nur dass natürlich Molière den sächsischen Komiker weit hinter sich lässt in seiner grossen Kunst, den religiösen Heuchler zwei Akte von der Scene entfernt zu halten, während sich doch alles um ihn, den Abwesenden, bewegt, dessen Gestalt vom Hintergrunde drohend in die Familienzustände hineinragt, die er bis dicht an den Rand des Verderbens bringen soll.

Eine Gruppe von Begebenheiten dient dazu, das Wesen der geizigen Frömmlerin darzulegen: die Begegnung mit dem Bettler, mit der Priesterswitwe, das Zerbrechen des Suppennapfes, der Kaffeetasse, die Bitte um Geld für ein Kirchengeschenk, die Beschenkung mit dem kostbaren

---

*) Neue Beyträge zum Vergnügen des Verstandes und Witzes. Leipzig und Bremen 1745. II. Band, 2. Stück, Seite 83—168.

Aufsatz, ihr Verhalten gegen Simons Bedienten. Die Liebesgeschichte geht nebenher. Ferdinand wirbt bei der filzigen Witwe für seinen Freund um Christianchen; aber inzwischen findet Simon, dass sein Lieb nicht mehr liebenswert sei: denn sie ist zwar schön, aber nicht lebhaft und gesprächig. Er steht schon im Begriffe das stille Kind aufzugeben, als Lorchen ihn durch einen Plan, der die Gemütsart Christianchens ändern soll, umzustimmen und zu beruhigen weiss. So weit steht alles gut. Da wird der Zufall zum Spielverderber. Beim Kaffee muss der Schwiegersohn über eine Anspielung der Schwiegermutter so sehr lachen, dass er auf seine Tasse nicht Acht hat, die auf den Boden fällt und zerbricht. Die erzürnte Hausfrau, die schon gereizt war, weil der Schwiegersohn kein Geld zu einem Kirchengeschenke geben wollte, weist ihm die Thür. Schade, dass dieser Auftritt, der die Höhe des Stückes bildet, sich hinter der Bühne abspielt. Simon ist über den Verlust des Mädchens nicht allzu betrübt, sondern fragt rasch entschlossen bei Lorchen an, die denn auch nach kurzem Zögern einwilligt die verlorene Braut zu ersetzen. Der Betschwester schickt man zur Entschädigung einen kostbaren Aufsatz. Die im Hause mit ihrer Tochter und Lorchen zankende Frau lässt sich durch diese Aufmerksamkeit wirklich besänftigen, so dass ihr nun eine Verbindung ihrer Tochter mit dem reichen Simon wieder sehr erwünscht ist. Lorchen tritt grossmütig zu Gunsten ihrer Freundin zurück, und der Brauttausch vollzieht sich ohne tiefere Erregung, wie etwas, was sich ganz von selbst versteht; denn in diesen Stücken bleibt man auch in den heikelsten und peinlichsten Situationen hübsch ruhig und vernünftig. Die Entsagende geht nicht leer aus, sondern wird von Ferdinand adoptiert; und so findet die Liebesgeschichte nach all den Wirrnissen noch einen friedlichen Abschluss.

In der Führung der Heiratsgeschichte herrscht eine arge Verzögerung. Es handelt sich zunächst darum, dass die Witwe die Verheiratung ihrer Tochter mit Simon und eine Mitgift von 10 000 Thalern bewilligt. Dazu will Ferdinand sie drängen, aber sie weicht immer aus. Drei Tage hat sie den Freier und den Freiwerber, die von Berlin zu ihr gekommen sind, schon warten lassen, und am vierten Tage vormittags ist sie noch nicht zu sprechen. Erst um vier Uhr nachmittags kommt sie vom Saale herunter und nun bleibt für die Besprechung der offenen Punkte die knappe Frist von vier bis sechs Uhr, wo wieder die Betstunde beginnt. Wenn Ferdinand nun die Witwe bei der Erledigung des Ehecontractes festhalten will, so lenkt diese immer ab. Sie lässt sich in voller Breite über den Bettler aus, der sie in ihrer Andacht störte, dann kommt die Priesterswitwe dazwischen; als sie zurückkehrt, redet sie vom Suppennapf, vom Hämmern des Totenwurms, von dem Schreien ihrer Henne, von ihrem seligen Liebsten, und endlich läuft sie davon (III,155), um ihre Tochter zu befragen. Alsdann will sie die Sache in Ordnung bringen, „wenn es nicht zu spät wird", d. h. die Zeit für ihre Abendandacht schlägt. III,158 endlich teilt Lorchen den beiden mit, dass Frau Richardinn ihrer Tochter nur 5000 Thaler mitgeben wolle; das war also der Grund, weshalb sie die Ausflüchte suchte.

Die Gestalt der Betschwester hat Gellert mit vielem realistischen Detail ausgestattet, das in den ersten Fassungen noch reicher ist. Gleich der erste Dialog des Stückes macht uns mit den beiden Grundzügen ihres Wesens bekannt und zeigt auch die Art, wie sich beide in ihr mischen: um ihrer Habsucht ungehindert fröhnen zu können, spielt sie die Heilige; hinter der Frömmigkeit, die sie zur Schau stellt, versteckt sie ihren Geiz. Die Frömmigkeit ist blosse Maske, bestimmt für die Augen und Ohren der Welt. „Alles ist fromm an ihr; ihre Mienen, ihre Sprache, ihr Gang, ihre Kleidung," (III,142) und die weltliche Anrede „Madame" (III,155) weist sie entrüstet zurück. So erscheint sie nach aussen als eine ehrwürdige Matrone aus der guten, alten Zeit, deren Kleider und Trachten sie beibehält, ihr Leben wie ein beständiger Gottesdienst. In Wahrheit denkt sie nur daran, Geld und Gold zusammenzuscharren. Sie predigt die Enthaltung von Essen und Trinken und möchte am liebsten alle Sonn- und Festtage in Fasttage umwandeln. Die Summa ihrer Theologie gipfelt in der Einsicht, dass alles, was sie besitzt, die wohlverdiente Frucht ihrer heissen Andacht, und wenn es anderen schlecht geht, dies die nicht minder verdiente Strafe des Himmels sei, womit er sie für ihre Laster und Sünden gezeichnet hat.

Ihre Frömmigkeit hat indessen noch eine andere, harmlosere Seite. Sie ist nicht nur der Deckmantel, hinter dem sie ihre Geldgier verbirgt, sondern auch zugleich wie ein kostbares Kleid, mit dem sie Staat macht. Wenn sie die Kirche mit ihren Geschenken anfüllt, so will sie damit nicht nur ihre Sinnesart übertünchen, sondern sie findet darin auch eine angenehme Befriedigung ihrer Eitelkeit. „Wo Sie die Buchstaben M. C. R. finden, das heisst Maria Christiana Richardinn, und ist von mir" (III, 165), bemerkt sie mit wohlgefälligem Stolze. Statt des Glaubens beherrscht sie der Aberglaube. Sie jammert über den zerbrochenen Napf, aus dem ihr verstorbener Mann zu essen pflegte, fürchtet sich vor dem Pochen des Totenwurms und ängstigt sich über das Schreien eines kranken Huhnes. Verlogen und doppelzüngig ist diese Frau durch und durch, ohne einen Tropfen ehrlichen Bluts. Auch ist bisweilen gut an ihr eine gewisse nonchalante Art getroffen worden, sich dreist und unverfroren über heikle Lagen hinweg zu setzen und von oben herab die Zügel einer Situation an sich zu nehmen. (Vgl. die III. und V. Scene des I. Actes, III, 186 und die VII. Scene des III. Actes.) Sentenzen und Sprüche hat sie immer bereit, um ihre Handlungsweise je nach Bedarf bald so, bald anders zu motivieren, wie es gerade am besten zu ihren Interessen passt; und wohl hat Ferdinand ein Recht zu ihr zu sagen: „Liebe Frau Muhme, Sie haben zweyerley Sprachen, und ich weis nicht, auf welche man sich verlassen soll. Eine klingt geistlich, und die andere ziemlich weltlich. Man sollte schwören, Sie müssten auch zwo Seelen haben; eine zum Beten und Singen, und eine zum Richten und Schelten"

III,195. Es ist für die Scheinfromme characteristisch, wie sie ihre durchaus nicht gottseligen Urteile über ihre Umgebung abzuschwächen weiss durch angefügte Sätzchen wie: „Es ist kein Zorn" (III,145), „ich will nicht richten" (III,146), „ich rede von Niemanden etwas Böses" (III,151)," ich will ihn nicht geschimpft haben" (III,184). So spickt sie ihre Sprache mit frommen Redensarten: „was sind wir Menschen denn anders? Würmer, arme boshafte Würmer sind wir." III,146. „Wer an Gott denkt, an den denkt er wieder und giebt ihm gutes, und die Fülle." (III,151 Variante.) „Doch lass deine Rechte nicht wissen, was deine Linke thut . . . . Wer der Kirche giebt, der leihet dem Herrn, und der wird es ihm wieder vergelten". (III,164 Variante.) „Ich spreche immer, wir haben alle unsere Fehler, nur einer vor dem andern. Wir müssen Geduld mit einander haben." (III,186.) „Bete fein fleissig, meine liebe Christiane. Hörst du? bete und singe." (III,186 Variante.) „Das Gebet folgt uns mit ins Grab. Die böse Welt kann mir alles nehmen, aber die Andacht nicht. (III,195 Variante.*) Im wunderlichen Gegensatz zu diesen frommen Sinnsprüchen lässt sie sich bisweilen zu ziemlich frivolen Äusserungen hinreissen. Von den Geistlichen, von denen die scheinheilige Frau doch mit besonderer Achtung reden müsste, meint sie: „Ich rede von niemanden etwas Böses; aber die Geistlichen sind doch selten reich, und haben immer so viel Kinder" (III,151

---

*) Vergl. den Charakter eines feinen Verleumders VII,216. Auch hier achtet Gellert wohl auf die Sprache, in der ein Character sich ausdrückt: „Seine Sittensprüche, die er so oft einstreut: „Wer wird immer das Böse von Andern glauben?" — „Es ist menschlich, Andre so lange für gut zu halten, als uns keine traurige Nothwendigkeit das Gegentheil lehret." — „Es ist leichter, Andrer Fehler, als ihre Tugenden zu bemerken." — „Jeder hat seine Mängel; und der ist der beste, der die wenigsten hat." — „Man muss die Fehler der Menschen bedecken und dulden; was wäre sonst Nachsicht und Menschenliebe?" — „Die Nachrede vergrössert, oft ohne dass sie es will; man glaube die Hälfte." — Alle diese seine Grundsätze, die er künstlich einzuflechten weis, sind Brustwehren, hinter welchen seine verzagte Verleumdung sicher zu seyn hofft."

Variante). Ihre Tochter herrscht sie an: „Hättest du ihm (Simon) doch lieber alles gleich eingeräumt. Wer weis so, was schon geschehen ist?" „Du wirst gewiss nicht Zeit genug zu einer Heerde kleiner Kinder kommen?"(III,179 Variante). Und sie selbst, die Greisin, die mehr als sechzigjährige Frau, sendet noch täglich ein Gebet zum Himmel um Bewahrung ihrer Keuschheit. Im Gegensatz zu diesen Eigenschaften fehlt es nicht an kleinen Zügen, durch die Gellert das unerfreuliche Bild der lügnerischen Frau nicht zu erhellen, aber doch matter abzutönen versucht: ihr treues Gedenken an ihren verstorbenen Mann, ihr wehleidiges Bangen vor dem Tode. Auch ihre persönliche Lage ist nicht beneidenswert: die einzige Tochter verlässt sie, Lorchen wendet sich von ihr, und sie bleibt allein zurück mit der traurigen Aussicht auf ein hilfloses Alter. Alles in allem ist diese Betschwester eine sorgsame Characterstudie und Gellerts beste Figur, die wirklich und leibhaft lebt, und nicht wie ein blutleerer Schemen über die Bühne streicht. — Es liegt eine komische Ironie darin, dass diese Frau sich die erdenklichste Mühe giebt, nach aussen fromm und gottergeben zu erscheinen, und doch niemand sich von ihrer Verstellung täuschen lässt, weder Christianchen und Lorchen, noch Ferdinand und Simon.

Einige Züge der Gellertschen Betschwester kehren in Rabeners Satiren wieder. Er erzählt von einer Scheinfrommen: „Niemals schien ihr das Gesinde boshafter zu seyn, als wenn die Zeit herankam, da es seinen Lohn fodern konnte. Sie war recht sinnreich in Erfindung der Ursachen, solchen zu verkümmern, und konnte es mit einer wunderbaren Standhaftigkeit ansehen, wenn ein Dienstbothe mit leeren Händen von ihr ziehen musste. Nichts auf der Welt war ihrer Natur so zuwider, als die flehende Stimme eines Armen. Hierinnen erzeigte sie sich als eine gute Bürgerinn, indem der Befehl wider die Bettler dasjenige Gesetz war, welches sie am liebsten mit einer unverbrüchlichen Sorgfalt beobachtete. Ich habe es nicht, ohne gerührt zu werden, anhören können, so oft sie einen Dürftigen, der um eine geringe Gabe bat, mit dem heftigsten Eifer über seine Faulheit, sein lüderliches Leben, und seine niederträchtige Aufführung von sich stiess"*). Ebenso geizig ist Gellerts Frau Richardinn, die sagt: „Obrigkeitliche Personen sollten allezeit darauf sehen, dass dem heillosen Bettelwesen gesteuret würde" (III, 147), und über den Bettler, der sie um ein Almosen bat, schimpft. In den Satiren**) heisst es von einer bigotten Alten: „Widerfuhr jemanden ein Unglück an seinem Körper oder an seiner Nahrung, so waren dieses allemal augenscheinliche Zorngerichte, welche über das böse Geschlecht hereinbrachen." Ähnlich Frau Richardinn über den Bettler: „Ich will nicht richten; aber wer weiss, warum er so gezeichnet ist? An dem rechten Fusse war er auch lahm. Ich will nicht richten; aber die Ruchlosigkeit und ein krüpplichter Körper sind immer beysammen." (III, 146.) Von einer anderen Betschwester erzählt Rabener: „Die Liebe des Nächsten rechnete sie zwar mit unter das Ceremonialgesetz, gleichwohl that sie den Armen im Urselinerkloster viel Gutes; weil es allemal von der Kanzel abgekündiget, und dem christlichen Wohlthäter vor öffentlicher Gemeine gedankt ward. Ihr Mann musste sehr viel bey ihr ausstehen: denn wenn sie betete, so zankte sie, und es ist mehr als einmal geschehen, dass sie ihm mitten in der Andacht ein Bund Schlüssel an den Kopf geschmissen hat . . . Das Geschrey einer Krähe war ihr so verständlich, dass sie allemal wusste, wer davon sterben würde. Heulte ein Hund unter ihrem Fenster, so ward sie dadurch weit mehr gerührt, als wenn unser Capellan eine Bussvermahnung hielt. Wenn sich ein Stern schneuzte, so fuhr es ihr in die Seele; und als ihr von faulen Eyern träumte, erschrak sie dergestalt darüber, dass sie das Testament machte, und sich zu ihrer Heimfahrt bereitete.***) So will Frau Richardinn den Hausarmen nichts geben, aber die Kirche schmückt sie aus, weil dies alle Leute

*) Gottlieb Wilhelm Rabeners Satiren. IX. Auflage. Leipzig 1766. 1. Theil. S. 102 f.
**) a. a. O. S. 155.
***) a. a. O. S. 162.

sehen; der Köchin hat sie aus frommem Eifer schon zweimal das Gebetbuch an den Kopf geworfen, weil sie von ihr in der Andacht gestört wurde (III,140). Wenn der Totenwurm pocht oder ein Huhn fortwährend schreit, so weiss sie, dass jemand sterben wird, und als der Suppennapf ihres seligen Mannes herunterfällt, weint sie, weil sie fürchtet nun auch sterben zu müssen. — Auf einige Stellen des „Zuschauers", die Gellert für die Zeichnung seiner Betschwester benutzen konnte, hat Georg Ellinger*) hingewiesen: „Eine Andächtige ist eine von denjenigen, welche durch ihre unvernünftige und unzeitige Erwähnung der Tugend, bey aller Gelegenheit die Religion verkleinern. Sie bekennet, sie sey dasjenige, woran kein Mensch zweifeln muss, dass sie es sey, und verräth die Mühe, die sie anwendet, dasjenige zu seyn, was sie mit Freudigkeit und Munterkeit seyn sollte. Sie lebet in der Welt, und versaget sich keine von den Ergetzlichkeiten derselben, wobey sie beständig saget, wie wenig Neigung und Lust sie an allen Dingen darinnen fände. Sie ist niemals ihr eigen als in der Kirche; daselbst leget sie ihre Tugend aus, und ist so brünstig in ihren Andachten, dass ich oftmals gesehen habe, wie sie sich aus dem Athem gebethet hat. Unterdessen, dass andere junge Frauenzimmer im Hause tanzen, oder die heimliche Frage oder das Verschenken spielen, liesst sie in ihrem Kämmerlein laut. Sie saget, alle Liebe sey lächerlich, es sey denn, dass sie himmlisch wäre: allein sie spricht von der Leidenschaft eines Sterblichen gegen einen andern, für eine Person, die in ihre Verachtung derselben gar keine Eifersucht untermenget hat, mit gar zu vieler Bitterkeit davon. Wenn sie einmal eine Mannsperson in ihren Reden gegen eine Liebste entzündet sieht: so wird sie ihre Augen gen Himmel richten und ausrufen: „Was für Unsinn redet der Thor doch! Will die Glocke nicht zum Gebethe läuten?"

---

*) Georg Ellinger: Gellerts Fabeln und Erzählungen. Berlin 1895. S. 12 f.

(Bd. V, S. 171 f. von Frau Gottscheds Übersetzung des Spectator.) „Ich bin einer von den unglücklichen Ehemännern, die mit einer Betschwester geplagt sind: welches unter den Nonconformisten, insonderheit, wenn sie gute Freunde sind, so gemein ist: des Morgens wird gelesen, Nachmittags geht man in die Kirche, und gegen Nacht liest man Vorbereitungspredigten: dieses nun nimmt ihr so viel Zeit weg, dass sie selten weiss, was wir zu Mittag essen werden; es sey denn, dass der Prediger mitspeisen soll . . . Geniesse ich zuweilen ihre Gesellschaft allein, so ist sie bloss ein Predigtbuch: sie erkläret und wiederholt Texte, Beweise und Nutzanwendungen so beständig, dass mich dieses Geschrey vor dem Morgen nicht einschlafen lässt, ich mag auch so müde zu Bette gehen als ich will." (a. a. O. Bd. 1. S. 223.) In dem „Jüngling" wird die genaue Lebensordnung Gellerts im Hinblick auf den regelmässigen Lebenslauf der Betschwester dargestellt*) und zugleich ein Besuch geschildert, den der Jüngling der Frau Richardinn, die sich mit Heiratsgedanken trägt, abstattet.**)

Die Tochter der Betschwester, Christianchen, ist für ihr Alter auffallend apathisch und wortkarg. Dieses schweigsame, aber schöne Kind erinnert in manchen Zügen an Schlegels Charlotte.***) Es lassen sich genaue Anklänge nachweisen.

Man vergleiche:

„Die stumme Schönheit" 1. Act, 5. Scene. Charlotte weiss ihrem Bewerber nur mit einsilbigen Antworten zu erwidern.

„Die Betschwester" III, 157 f.

---

*) Vgl. E. Schmidt: Beiträge zur Kenntnis der Klopstockschen Jugendlyrik. Strassburg 1880. = Quellen und Forschungen XXXIX. Band. S. 63 f. und A. Schullerus: „Gellerts Dichtungen" Leipzig und Wien. Bibliographisches Institut. S. 5 f. Man halte neben einander „Der Jüngling" II. Bd. Leipzig 1748. S. 43 und die „Betschwester" III, 143 und 119 f.

**) Q. und F. XXXIX S. 51.

„Der Jüngling" 1748. II. Bd. S. 81 f.

***) „Die stumme Schönheit" von Joh. Elias Schlegel 1747.

Simon: „Ich sagte ihr (Christianchen) die zärtlichsten Sachen von der Welt vor, und sie blieb bey allen gleichgültig. Wenn sie mich nur mit einer empfindlichen Miene belohnt hätte. Ja, und Nein, waren ihre Antworten. Und das Ja sprach sie mit eben dem Tone aus, wie das Nein. Sie muss gar keine Empfindung von der Liebe haben. Sie hat in der ganzen halben Stunde ihr Gesicht nicht einmal verändert, und wenn sie die Augen nicht offen gehabt hätte: so hätte man schwören sollen, sie schliefe und redte zuweilen ein Wörtchen im Traume. Ich glaube, dass es ein gutes, unschuldiges Mädchen ist. Aber Unschuld ohne Verstand, ist das Verdienst genug?

„Die stumme Schönheit" I. Act, 8. Scene. Praatgern (zu Charlotte):

„Und sagte ihm ins Ohr (Jungwitz zu Richard): Ach, hätt sie nur Verstand!

„Die Betschwester" III, 156.

Ferdinand: Hat sie etwa keinen Verstand?

Simon: Viel nicht, so viel ich muthmasse.

„Die stumme Schönheit" I. Act, 13. Scene.

Jungwitz: Vielleicht reizt ihr Gesicht noch tausend Augen an.

Wer weis, wer sie noch sieht, dem sie gefallen kann? Sie kann noch auf ihr Geld und ihre Schönheit pochen.

„Die Betschwester" III, 172.

Simon: . . . Sie bekömmt zehn Männer, wenn ihr auch noch zehn entgehen sollten. Sie ist ja schön und reich.

Auch die Handlung bietet Berührungspunkte. Bei Gellert steht Lorchen neben Christianchen wie bei Schlegel die muntere Leonore neben der wortkargen Charlotte. Zuerst ist Simon bereit Christianchen zu nehmen und Jungwitz gewillt Charlotte zu heiraten, aber während des Stückes geht Simon von Christianchen zu Lorchen wie Jungwitz von Charlotte zu Leonore über.

Wie Christianchen Simon bittet ihre Freundin zur Braut zu nehmen, so entsagt Lorchen grossmütig der Liebe des Herrn Simon. Der Widerstreit zwischen Liebe und Freundschaft, der in den Lustspielen jener Zeit öfters behandelt wurde,*) wird hier zwar angedeutet, aber nicht zu einem schmerzlichen Conflict gesteigert: die Entsagung kostet keine Mühe und innere Überwindung. Simon macht ausser dem raschen Brauttausch, über den wir keine grosse Entrüstung zu empfinden brauchen, da auch der Dichter kein Aufhebens von dem schnellen Wechsel der Geliebten macht, ebenso wie der Freiwerber Ferdinand einen biederen und ehrlichen Eindruck, doch lassen sich keine besonderen Züge ihres Wesens hervorheben.

„Die Betschwester" galt damals als ein scharfer Vorstoss gegen das finstere Scheinwesen heuchelnder Frömmelei. Das „Schreiben an den Verfasser der Betschwester" beginnt mit der Anrede: „Verwegner Gellert!"**) Im Laufe der einzelnen Ausgaben kann man indessen beobachten, wie Gellert diese „verwegne" That leid geworden ist. Die Fassung wird immer zahmer. Schärfere Wendungen, viele religiöse Anspielungen werden ausgemerzt oder doch abgeschwächt.***) Wir glauben seinem Biographen Cramer gern, wenn er uns mitteilt, dass Gellert dieses Stück nicht geschrieben zu haben wünschte und dass er es am liebsten vertilgt hätte, wenn dies noch in seiner Macht gestanden hätte. (X,194.) Kaum war das Lustspiel erschienen, so machte man dem Verfasser schon Vorwürfe. Die Regensburger gelehrte Zeitung†) ergoss ihren Tadel über das neu erschienene Stück und meinte, „der gemeine Mann würde nicht wissen, ob man die Betschwester, oder den König David lächerlich machen wollte." (III, 6.) In den „Franckfurtischen gelehrten Zeitungen"

---
*) Vgl. Nivelle de la Chaussées „l'Homme de Fortune". Lessings „Damon", Cronegks „Misstrauischen". Chr. F. Weisses „Misstrauischen gegen sich selbst".
**) Neue Beyträge zum Vergnügen des Verstandes und Witzes. Leipzig und Bremen 1745, II. 179.
***) Auch in seinen anderen Lustspielen hat Gellert viele religiöse Wendungen getilgt, Derbheiten gemildert oder ganz gestrichen; doch sind die sachlichen Unterschiede der einzelnen Redactionen nicht sehr gross. Vgl. darüber im einzelnen W. Haynel a. a. O. S. 80f.
†) Ein Exemplar war mir leider nicht zugänglich.

tadelte man, dass die „Betschwester" keinen „nodus" habe, „ohne welches ein theatralisches Stück schlecht bleiben kan und wird;" auch sei es schwer, „eine Betschwester lächerlich zu machen, ohne die Übung der Religion selbst anzutasten."*) Den durch die ungerechten Vorwürfe der Kritik geängstigten Dichter führt uns Lenz in seinem „Pandämonium Germanicum" vor Augen. Er hat eben vor einer zuschauenden Menge die Betschwester auf sein Papier gezeichnet, als auch schon „ein überlautes Gelächter von einer und ein Geschimpf von der andern Seite angeht." Ein altes Weib ruft aus: „Der böse Mensch, der Gottsvergessene Mensch, er hat keine Religion, er hat keine Frömmigkeit, sonst würd er des ehrwürdigen Alters nicht spotten, er ist ein Atheist." „Bey diesen Worten fällt Gellert auf die Knie und bittet um Gottes willen, man solle ihm sein Bild zurückgeben, das man ihm schon aus den Händen gewunden, er wolle es verbrennen."**) Gellert verteidigt sich gegen dergleichen Anklagen in der Vorrede zur Gesamtausgabe seiner Lustspiele. (III, 6 f.) Auch die Schweizer nahmen ihn in Schutz. In den „Freymüthigen Nachrichten" wandte man sich gegen die Ausführungen der „Franckfurtischen gelehrten Zeitungen". Das Stück könne keinen Anstoss erregen, da die Betschwester so gezeichnet sei, dass man sie von einer wahren Frommen wohl zu unterscheiden vermöge, und auch ein „nodus" fehle dem Lustspiel keineswegs.***) Auch Albrecht von Haller trat für die „Betschwester" ein: „Und ob es wohl etwas ungewöhnlich ist, von heiligen Dingen ganz ausführlich auf der Schaubühne zuhandeln, und den Missbrauch zur Beschämung abzumahlen, den die Heucheley damit begeht, so ist doch die gute Absicht des Verfassers vielzu augenscheinlich, als dass die

---

*) Die abfällige Kritik ist abgedruckt in den „Freymüthigen Nachrichten von neuen Büchern, und andern zur Gelehrtheit gehörigen Sachen." Zürich 1746. S. 221.
**) J. M. R. Lenz: „Pandämonium Germanicum" 1775 (Privatdruck) Berlin 1896, S. 18.
***) a. a. O. S. 276 f.

Betschwester im geringsten uns anstössig sein solte."*) In der Novembernummer des „Journal étranger" vom Jahre 1755 erschien eine Kritik über das Stück von Fréron, die aber Gellert in den einzelnen Punkten zurückweist, wenn er auch zugiebt, dass in seinem Lustspiele „mehr Leben und Feuer" sein könnte (VIII, 183 f).

Ich führe noch das Urteil von Caroline Lucius an: „Herr Seydel hat mir einmal gesagt, Sie wären der Meynung, dass die Betschwester nicht mehr sollte gespielet werden. Ich habe sie nie gesehen, ich verstehe auch nichts von Schauspielen, aber ich dächte, es wäre ein sehr gutes Stück, und die Charaktere sehr wahr und natürlich. Dafür bin ich zwar nicht, dass man es oft spiele. Es ist nicht so gar nützlich, weil es eben nicht viel Betschwestern giebt und weil die rechten Betschwestern nicht in die Komödie gehen, weil es sechs oder acht Groschen kostet, auch keine Komödie lesen, sondern lieber Geld zählen und mechanisch ein Lied dazu singen, ohne dabey etwas zu denken oder zu empfinden."**)

Auf der Bühne scheint die Betschwester sehr gut von der Schumannin dargestellt worden zu sein, die der Kochschen Truppe angehörte.***) In dem Théâtre Allemand vom Jahre 1770, das ein Herr Chalier herausgab, wurden Gellerts „Betschwester" und „kranke Frau" übersetzt.†) Im Jahre 1772 erschienen „die Betschwester" und das „Loos in der Lotterie" in polnischer Sprache.††)

Denselben Stoff, den Gellert in der „Betschwester" dargestellt hatte, behandelte er noch einmal in einer gleichnamigen Fabel. Denn die Fabel ist nach dem Lustspiel entstanden, da der Zusatz Gellerts aus dem Jahre 1748 „Nach dem Innhalte einer Comödie, welche eben diesen

---

*) Göttingische Zeitungen von gelehrten Sachen. 1748, S. 109.
**) Briefwechsel mit Demoiselle Lucius. S. 457.
***) Vgl. Chronologie des deutschen Theaters von Chr. Heinrich Schmid. 1775. S. 151.
†) Chronologie S. 309.
††) Chronologie: S. 331.

Namen führet,*) viel eher Glauben verdient als die Bemerkung Cramers im Jahre 1774, dass die Fabel ihm die Anregung zu dem Lustspiele gab. (X,191.)**) Ausserdem kehrt die Betschwester in seinen Fabeln, wo sie Beate heisst, nochmals wieder in der „Gutthat". (I,177.) Dort reicht sie dem Armen „ein grosses Stück verschimmelt Brodt."

Wie äussere Frömmigkeit zur Bemäntelung innerer Habsucht dient, zeigte Gellert auch in der Fabel „Der Wuchrer" I,166. Das Hospital, das er aufbaut, wäre viel zu klein, wenn alle die Personen darin bequem wohnen sollten, die er durch seinen Wucher arm gemacht hat.

II. „Das Loos in der Lotterie".

Das Lustspiel erschien zuerst im 3. Bande der Bremer Beiträge im Anfang des Jahres 1747 (S. 323—472). Da S. 425 die von Joh. Elias Schlegel in Copenhagen (1745—46) herausgegebene moralische Wochenschrift „Der Fremde" erwähnt wird, so kann es nicht vor 1745 entstanden sein.

Gellert wendet fünf ganze Acte auf, um ein Lotterieloos in die Hände des Mädchens gelangen zu lassen, für das es ursprünglich bestimmt war. Jeder Act zeigt das Loos im Besitz einer anderen Person. Im ersten hören wir, dass Frau Damon ohne Wissen ihres Mannes ein Lotterieloos für vier Thaler gekauft hat, um den etwaigen Gewinn ihrer Muhme Caroline zu überlassen. Im zweiten hinterbringt Frau Orgon, die von ihrem Manne das Geheimnis der gutmütigen Nachbarin erfahren hat, aus Neid und Hass die Angelegenheit dem Herrn Damon. Der Geizhals gerät über diese Nachricht in eine gewaltige Aufregung und durchstöbert die Schränke seiner Frau, bis es ihm endlich gelingt, den

---

*) Fabeln und Erzählungen von C. F. Gellert Leipzig bey Johann Wendler 1748 I. Theil. S. 139.
**) Ebenso: Georg Ellinger: Gellerts Fabeln und Erzählungen S. 5 und W. Haynel a. a. O. S. 24; dagegen ist anderer Meinung A. Schullerus, Gellerts Dichtungen. S. 21.

Zettel zu finden. Im dritten Acte verkauft er das Loos an Simon, und die Scene, in der dieser Handel vor sich geht, zeigt uns Damon in all seiner Habsucht, Simon in seiner ganzen Flatterhaftigkeit. Im vierten Acte verschenkt der Deutschfranzose das Papier an Frau Orgon. Bei dem letzten Tausche wird ein Gran von Spannung erzeugt, wenn Carolinchen das Loos erst hinter der Scene von Frau Orgon erhält; denn nun ist der Zuschauer in Sorge, ob auch die rechte Eigentümerin den Gewinst von 10 000 Thalern erhalten wird oder nicht. Erst ganz am Ende erfahren wir, dass Carolinchen bereits verlobt ist und mit jenem Mahlschatz gleich in die Ehe treten kann. Nicht umsonst trug das Loos die bedeutungsvolle Devise „pour la vertu"; es heisst ausdrücklich: „So sorgt die Fügung für eine tugendhafte Liebe" (III, 304). Erinnert man sich, wie damals das Glücksspiel zur Ausbeutung der Unterthanen missbraucht wurde,*) so ist es eine immerhin bedenkliche Moral, dass hier die Vorsehung in die Lotterie geht, um ausharrende Tugend mit gewonnenem Gelde abzufinden. Von den 10 000 Thalern behält Caroline selbst nur 8000, da sie 1000 ihrer Tante überlässt und die gleiche Summe an Herrn Damon abgeben muss; wie denn überhaupt in diesen Stücken das so unentbehrliche Geld eine grosse Rolle spielt und der harte Materialismus einer Anschauung, die immer wieder hinter dem thränenfeuchten Flor süsslicher Sentimentalität hervorblickt, mit dem gefühlvollen Geiste der Dichtgattung seltsam contrastiert.

Die Liebeshandlung ist sehr nebensächlich behandelt: erst zuguterletzt wird sie eng mit dem Lotteriegewinnst verknüpft. Absurd ist es, dass Carolinchen den aufdringlichen Heiratsvorschlag Damons nicht einfach damit zurückweist, dass sie ja schon seit vier Jahren mit Anton verlobt sei. Später dachte Gellert daran, diesen Liebhaber ganz aus dem Stücke zu streichen. Er schreibt an den Grafen Moritz von Brühl den 24. November 1755: „Wenn ein Auszug aus

---

*) Vgl. K. Biedermann, Deutschland im 18. Jahrhundert. Leipzig 1867, II 2, 64 f.

dem Loose in der Lotterie gemacht werden sollte: so sagen Sie Herr Wächtlern, dass er die letzten Scenen, wo Caroline ihrem Geliebten das Loos giebt, weglässt, und die Handlung da endiget, wo die Frau Damon ihr das Billet zurück giebt. Man wird sonst sagen, dass der Geliebte, der in dem ganzen Stücke nicht vorkömmt, Deus ex machina, und die Handlung nicht gehörig geschlossen sey" (VIII, 166).

Dies Lustspiel besitzt, wie Gottsched vorschrieb, fünf Acte; die anderen sind Dreiacter nach italienischem Muster. Um nun mit einer so winzigen Angelegenheit eine so lange Comödie zu füllen, war eine übertriebene Dehnung unerlässlich, und die Handlung verliert sich fortwährend auf Seitenpfaden. Das schwerblütige Temperament Orgons und sein schläfriges Gebahren wirken schon für sich retardierend. Wenn Frau Orgon Herrn Damon den heimlichen Ankauf des Looses anzeigt (III, 217 f), so muss sie ihre Anklage wieder zurücknehmen, um sie III, 231 zu wiederholen. Orgon, der schon im Hause des Geburtstagskindes zu Gaste weilt, wird von seiner Frau wieder heimgeschickt (III, 214), um ihr Spielgeld zu holen, was für den Verlauf des Stückes von keinem Belang ist, nur dass Carolinchen (III, 268) anfragt, ob es Frau Orgon „gefällig wäre, noch eine halbe Stunde bis zur Abendmahlzeit mit meinem Herrn Vetter im Brete zu spielen". Wenn Frau Damon ihrer Schwägerin die Begegnung mit dem Juwelier erzählt und seine Geschenke vorzeigt, so werden dazu zwei Scenen aufgeboten; in der ersten (III, 220 f) ärgert sich Frau Orgon über die Ohrringe, in der zweiten (III, 234 f.) weist man ihr auch die Zitternadel und Carolinchens Ring. Die Krankheit der Frau Orgon, der Versuch Damons seine Base mit Simon zu verloben, die Liebeleien zwischen diesem und Frau Orgon sind lauter eingeflochtene Episoden. Auch die tendenziöse Polemik gegen das Freidenkertum fällt aus dem engeren Rahmen heraus.

Das Stück spielt an Damons Geburtstage, zu dessen Feier die Anverwandten in seiner Wohnung zusammenkommen. Hinter dem Hause liegt ein Garten; zwischen ihm und der guten Stube entspinnt sich ein emsiges Hin und Her. Für

Gellert fortwährend ein bequemer Notgang, um seine Figuren von der Bühne zu bringen (III, 220; 225; 230; 236; 239; 259 f.; 263). Während der Zwischenacte ist der Garten der Versammlungsort sämtlicher Personen. Vor dem 2. Acte trinkt man darin Kaffee, vor dem 5. isst man darin zu Abend. Gegen Ende kommt eine Person nach der anderen dorther, um sich zu empfehlen. Einmal ergiebt sich eine idyllische Scene (III, 295 f.); Frau Damon sagt: „Komm, wir wollen wieder in den Garten gehen, und uns unter die Blumen setzen, und uns vergnügen, dass wir gelassen genug sind, einen Unfall zu vergessen, der Andere zu Boden schlagen würde".

Unter den Personen des Stückes steht Simon für sich allein; die anderen scheiden sich in zwei Gruppen: die Familie Orgon und die Familie Damon, zu der Caroline als Nichte und Anton als ihr Verlobter hinzugehören. Beide Haushaltungen hat Gellert nach seiner bekannten Neigung leicht contrastiert. Darin aber stimmen beide Häuser überein, dass der Geiz die Herrschaft führt: hier knausert Frau Orgon, dort Herr Damon. Auch giebt es öfters Unfriede und Zank. Herr Orgon ist der Trägste und Unempfindlichste seines Geschlechts, ja es befremdet, dass er noch so viel Willenskraft hat, am Abend allein nach Hause zu gehen ohne seine leicht zu reizende Gebieterin. Sein Leben besteht eigentlich nur in der Befriedigung körperlicher Bedürfnisse; wenn man seinen Geist in Anspruch nimmt, so ermattet er gleich. Mit Recht wird er ein lebendiger Gängelwagen genannt (III, 210), den seine Frau überall hinlenken kann. Die Figur hat Gellert durch ein ermüdendes Detail zu illustrieren versucht.

Erscheint Orgons Bequemlichkeit gegen jeden Eindruck abgestumpft, so ist Damon von heftigem Temperament und auffahrendem, hitzigem Wesen, arbeitsam, filzig und immer darauf bedacht, seine Verhältnisse zu verbessern. Obwohl er den Wert der Tugend preist, hat er ein ziemlich weites Gewissen. Er unterschlägt beispielsweise einen Teil der Zinsen seines Mündels, um seinen Garten auszubauen. Wenn seine Geldinteressen in Frage kommen, kann er bis zur Kriecherei demütig werden. Er sagt zu Simon: „Ich will Sie begleiten, allerwerthester Herr Simon. Sie sind mein grosser Gönner und Patron. Ich küsse Ihnen die Hand mit Demuth" (III, 287). Seine Frau will er dem lockeren Gesellen aufs Zimmer senden, damit sie ihm das Loos abschmeichle. Wie die beiden Ehemänner, so stehen auch ihre Frauen im Gegensatz. Frau Damon ist jung, schön, sanftmütig und verträglich, hilfbereit und fromm, wohlthätig gegen ihre Nichte, eine gute, einfache Hausfrau im Sinne der moralischen Wochenschriften; Frau Orgon ältlich, herrisch und zänkisch, eitel und putzsüchtig, eine rechte Xanthippe gegen ihren Mann. Sie ist neidisch auf den Schmuck anderer Frauen und verdächtigt ihre Treue. Sie lässt sich gern von „Mannspersonen" den Hof machen, nur dürfen die Nachbarn nichts davon erfahren; denn ängstlich wahrt sie ihren Ruf. Aber ihre Koketterie ist ebenso wie die Lethargie des Mannes bis zur Fratze übertrieben und ohne komische Wirkung. Dem Ehepaar Orgon scheinen die Friedliebs in Uhlichs „Unempfindlichem" nachgebildet zu sein. Hier wie dort lässt sich der Pantoffelheld alles gefallen, und bei Frau Friedlieb spielen die Courmacher Freyberg und Huldreich die Rolle des Gellertschen Simon nach.

Carolinchen vertritt im Bunde mit Frau Damon und ihrem Liebsten das gute Princip. Frau von Plessen bittet den Dichter einmal um die Empfehlung einer Gesellschafterin: „Eine Frau Damon oder ein Carolinchen wäre just, was ich wünschte; und deren muss es in einem Lande geben, wo es so viele schöne Geister und Schriftsteller giebt."*) Klopstock spielt auf „die zwo edlen Schönen" in seinem Wingolf an.**) Die glückliche Heiratscandidatin Caroline ist mit allen Eigenschaften geschmückt, die Gellert einem Frauenzimmer wünscht. Auch wollte er ihr treffenden Witz und Scharfblick für

---

*) Dahlener. Antiquarius 1, 50.
**) Die Beziehung ist nachgewiesen von A. Englert, Schnorrs Archiv für Litteraturgeschichte 8, 554 f.

die Blössen des Gegners verleihen, doch kommt das nicht zu lebensfrischem Ausdruck. Die Gestalt des Deutschfranzosen Simon geht auf litterarische Vorbilder zurück: den Jean de France bei Holberg und den Franz in Frau Gottscheds „Hausfranzösin". Simon und Jean de France sind beide in Paris gewesen, mischen in ihre Rede französische Worte und bewundern alles, was französisch ist. Wie Jean stolz auf das Tanzen ist, das er an der Seine gelernt, und mit seiner Mutter auf offener Bühne herumhopst, wie Franz Pirouetten schlägt, so erzählt Simon von einem Ball, den er mit der Tochter vom Hause eröffnete: „Ich tanzte den ganzen Abend mit ihr. Alle Glieder an mir, alle Schritte und Wendungen, lebten. Ich glaube auch, dass man selten wird schöner haben tanzen sehen" (III, 275). Wie Simon sich seiner Eroberungen in der hohen französischen Aristocratie rühmt, so soll auch der junge Kaufmannssohn Franz „bald bey dieser Herzoginn, bald bey jener Gräfinn, bald bey einer Marschallinn, bald bey einer Marquisinn, oder gar Prinzessinn vom Geblüte"*) eingeführt werden. Wie Franz sein Heimweh nach Paris ankündigt,**) so würde Simon tausend Thaler dafür geben, wenn die deutsche Sprache nicht seine Muttersprache wäre (III, 254). Man vergleiche ferner die Art, wie sich Simon das Zusammenleben mit seiner Frau einrichten will (III, 258), und was die Gottschedin über das gleiche Thema vorbringt (S. 157 ff.). Ihr junger Germann will sich „ganz auf einen französischen Pied" mit seiner Frau setzen.

Franz wünscht seinen Sohn Jean mit Grossmanns Tochter Elisabeth zu verheiraten, die aber bereits Herrn Liebhold liebt und von dem Deutschfranzosen nichts wissen will; ebenso sucht Damon sein Mündel Simon mit Caroline zu verbinden, die aber schon mit Anton verlobt ist und der gleichfalls dieser Franzosenfreund sehr zuwider ist.

Ein ähnlicher Geck und Stutzer wie Simon ist auch Junker Berthold in der „Pracht zu Landheim" von Joh.

*) Deutsche Schaubühne, Leipzig 1749, V, 71 f.
**) Ebenda, S. 150.

Elias Schlegel und Kleanth in Chr. Felix Weisses „Misstrauischen gegen sich selbst".*) Auch Lessing dachte einen solchen Stutzer in dem Lustspiel „Der Vater ein Affe, der Sohn ein Jeck"**) darzustellen.

Aber Simon ist nicht nur Deutschfranzose, sondern auch Freigeist; und Gellert hasste die Esprits forts. Seine moralischen Vorlesungen machen in einem besonderen Abschnitt gegen die freigeistigen Gedanken, die von England und Frankreich nach Deutschland drangen, Front (VI, 56 ff.). Auch zwei Fabeln („Der Freygeist" I, 174 und „Der fromme General" I, 237) drücken diesen Abscheu gegen das Freidenkertum aus; und in dem Lustspiel fällt Frau Damon über die Freigeister das schonungslose, aber sehr flache Verdammungsurteil, in dem Gellerts eigene Stimme nur allzu deutlich aus dem Sprachrohr seines Geschöpfes hörbar wird: „Zur Profession eines Freydenkers, den Sie vermuthlich vorstellen wollen, gehört nichts mehr, als wenig Verstand, ein wildes Herz, etliche englische oder französische Blätter voller Galle wider die Schrift, ein gut Glas Wein, ein gesunder Körper, der Besuch gewisser Häuser, die ich ohne Schamröthe nicht nennen kann, und wenn man es recht hoch bringen will, eine ohne Vorsichtigkeit und Klugheit angestellte Reise in fremde Länder" (III, 259).

Ebenso wie Gellert dachte auch Brawe in seinem „Freygeist"***), während der junge Lessing in dem gleichnamigen Lustspiel dem religionslosen Adrast „tugendhafte Gesinnungen"†) zuerkennt.

Das „Loos in der Lotterie" scheint von allen Comödien Gellerts auf dem Theater den grössten Erfolg errungen zu haben, namentlich sollen die Gestalten des trägen Orgon und des Deutschfranzosen zu dieser Wirkung beigetragen haben.††) Den Orgon spielte Starke vorzüglich.†††) Am 12. Juni

*) Vgl. J. Minor, Christian Felix Weisse, Innsbruck 1880, S. 105.
**) Vgl. Lessings sämtliche Schriften, 3, 323.
***) Vgl. A. Sauer, Joach. Wilh. v. Brawe, Quellen u. Forschungen. XXX, S. 19 f.
†) Lessings sämtliche Schriften, 3, 262.
††) Schmids Chronologie, S. 136 f.
†††) Löwen, Schriften, 4, 44.

1754 wurde Gellerts „Loos in der Lotterie" von der Schönemannschen Truppe in Hamburg gegeben.*) Noch am 1. November 1771 wurde das Stück auf der Kochschen Bühne aufgeführt.**) Das Théâtre allemand von Junker und Liebault brachte auch Gellerts „Loos in der Lotterie".***)

III. „Die zärtlichen Schwestern".

Soviel Rührendes schon seine anderen Lustspiele enthalten, in das tiefere larmoyante Gewässer taucht Gellert doch erst mit den „zärtlichen Schwestern." Es ist sein letztes und thränenreichstes Stück, und kein anderes trifft so sehr jener „schöne Vorwurf", dass es „eher mitleidige Thränen, als freudige Gelächter" errege. Veröffentlicht wurde es in der Gesamtausgabe der Lustspiele 1747. Es ist nach der Ausgabe des ersten Teils der „Fabeln und Erzählungen" entstanden, da der Magister deutlich auf diese anspielt, wenn er zu Cleon sagt: „Vielleicht macht ihr (Julchen) eine Fabel mehr Lust zur Heirath, als eine Demonstration. Ich will eine machen, und sie ihr vorlesen und thun, als ob ich sie in dem Fabelbuche eines jungen Menschen in Leipzig gefunden hätte, der sich durch seine Fabeln und Erzählungen bey der Schuljugend so beliebt gemacht hat" (III, 33).

In einem einleitenden Gespräche zwischen Vater und Tochter klärt uns der Dichter über die Verhältnisse auf, die der Entwicklung seines Stückes zu grunde liegen: die seltsamen Grillen und Einbildungen Julchens und die Liebe Lottchens zu Siegmund, die ein aufrichtiges Bekenntnis ihrer zärtlichen Gefühle ablegt, dass ihr Geliebter von ihr unbemerkt belauscht. Eine Doppelhandlung bietet das Stück: die Heilung Julchens von ihren wunderlichen Schrullen und den Treubruch Siegmunds. Zunächst kommt nur die eine Handlung in Fluss.

*) Joh. Friedr. Schütze, Hamburgische Theatergeschichte, 1794, S. 281.
**) C. M. Plümicke, Entwurf einer Theatergeschichte von Berlin. Berlin und Stettin 1781, S. 402.
***) Chronologie, S. 331.

Lottchen ersinnt einen Plan, um den Eigensinn ihrer Schwester gegen den Bewerber zu brechen: „Die verdriessliche Gestalt, die sie sich vielleicht von der Ehe gemacht hat, umnebelt ihre Liebe; Lottchen will „diese kleinen Nebel vertreiben" (III, 19). Darum soll Damis seine Liebe zur Freundschaft dämpfen und Siegmund die Rolle des Liebhabers spielen. Nachdem dieser Anschlag, Julchen umzustimmen, Beifall gefunden, erscheint sie selbst, macht aber gleich darauf Kehrt; denn wo Herr Siegmund und ihre Schwester seien, werde ja doch nur von der Liebe geredet. In zwei Scenen erhält Damis Gelegenheit, den kühleren Freund herauszukehren und Julchen, die von seiner Schweigsamkeit und Kälte wie von seiner Wärme und Liebe gleich beunruhigt ist, der Verwirrung ihrer Gefühle zu überlassen. Erst jetzt setzt auch die zweite Handlung ein: Simon, der durch sein Billet angekündigt ist, bringt die Nachricht, Julchen solle von ihrer Muhme ein Rittergut erben. Aber diese Mitteilung, die so verhängnisvoll wirken soll, ist falsch. Wie hübsch hätte doch alles enden können, wenn gleich die richtige Botschaft gekommen wäre. Siegmund hätte keinen Verrat geübt, sondern das reichgewordene Lottchen geheiratet, das arme Julchen wäre durch den wohlhabenden Herrn Damis versorgt gewesen, und mit dem heiteren Genrebild eines frohen Vaters und zwei glücklicher Brautpaare hätte uns das Stück entlassen, dessen Ende jetzt nah ans Tragische streift. Denn Siegmund verlässt treulos seine Geliebte und wendet sich begehrlich der reicheren Schwester zu. Die zugeteilte Rolle führt er nun im Ernste durch. Die Höhe der Doppelhandlung liegt offenbar im Eingang des 3. Aktes; denn hier verleumdet Siegmund den Herrn Damis und bittet Julchen um ihre Hand; und diese wird über den vermeintlichen Verrat ihres Liebhabers betrübt und eifersüchtig, verrät also ihre Liebe. Diese Scene birgt das Folgende im Keim: die Auflösung des Verhältnisses auf der einen und die glückliche Vereinigung auf der anderen Seite. Nachdem die falsche Nachricht so folgenschwer gewirkt hat, kommt jetzt erst die Berichtigung: nicht Julchen, sondern

Lottchen ist die Erbin des Rittergutes. Doch diese Gabe, die dem getreuen Mädchen die nahe Erfüllung ihrer Wünsche zu verheissen scheint, kommt zu spät, um noch wahrhaft beglücken zu können. Siegmund ist der Rückweg bereits versperrt, sein treuloses Benehmen ertappt. Der anonyme anklagende Brief wird Lottchen gebracht, und obendrein werden die verräterischen Worte aus dem Selbstgespräche des Betrügers von Julchen und Damis aufgefangen. Vorläufig will das hintergangene Mädchen an den Betrug noch nicht glauben, aber Simon, Damis, Julchen, sie alle kommen und bestätigen den bösen Brief, und als Lottchen schon verzweifelnd ihren Vater fragt, ob Siegmund denn wirklich bei ihm um Julchens Hand angehalten habe, muss dieser es zugeben und damit seiner Tochter jede Hoffnung rauben. Wollte Cleon in der letzten Ensemblescene die Verlobung seiner beiden Töchter verkünden, so führt nun bloss die eine ihren Bräutigam glücklich heim, die andere dagegen sagt sich mit thränenden Augen von dem Ungetreuen los.

So nimmt sich ungefähr die Handlung aus, wenn man sie aus der Menge der Episoden und Gespräche herausschält. Denn auch hier, wie immer bei Gellert, ist viel unnützes Geplauder, viel unnötiges Beiwerk.

Der Magister ist eine völlig überflüssige Figur; denn die beiden Überredungsscenen, in denen er mitwirkt, haben keinen Erfolg, und nur ganz äusserlich wird er durch Anhören des Antrages, den Siegmund Julchen macht, mit der Handlung verbunden. Auch ohne sein Zuthun wäre der Verrat aufgedeckt worden. Von ihm gilt, was Gellert in der Selbstkritik seines Schäferspiels „das Band" von Daphne, der Mutter, sagt (III, 383): er ist „überhaupt eine müssige Person, und nicht das Bedürfniss des Stückes, sondern des Poeten, der, um die Charaktere zu vervielfältigen, hier — nun nicht eine Mutter, wohl aber einen Magister — auftreten liess." Er „kömmt und geht, gleich einem frommen Gespenste, ohne dass man weis, warum?" Wenn er erscheint, verlangsamt sich das ohnehin schon träge Tempo. Wo alles zu einer Entscheidung drängt, kann er noch weitläufige Erörterungen anstellen über den Zusammenhang der Laster, von dem auch die Fabel „Herodes und Herodias" (I, 170) handelt.

In dem Aufbau des Stückes lässt sich ein gewisser Parallelismus beobachten. Zweimal versucht Damis Julchen gegenüber den kühleren Freund zu spielen, zweimal sucht der Magister das widerstrebende Kind durch belehrende Worte umzustimmen, einmal den abstracten Beweis, das andere Mal das concrete Bild verwendend; daran knüpft sich je eine Unterredung mit Cleon, dem der Schulmann das Vergebliche seiner Bemühungen mitteilt. Zweimal forscht der ungeduldige Vater seine spröde Tochter aus, zweimal verkündet Simon Lottchen die Bestimmungen des Testamentes. Wie Lottchen ihrem Liebhaber seine Untreue vergiebt, ja ihn sogar noch mit Geld ausstatten wird (III, 103), so will auch Julchen den Fehl ihres scheinbar treulosen Damis vor sich selbst „verbergen" (III, 74).

Mit dem plumpen Mittel der Behorchung arbeitet Gellert in diesem Stück so häufig wie in keinem anderen. Siegmund hört das Liebesgeständnis Lottchens an (III, 16), und je offener und aufrichtiger dieses Bekenntnis ist, um so gemeiner ist nachher sein Treubruch. Wie Lottchen die letzten Worte aus dem Monologe Julchens auffängt (III, 25), so vernehmen Julchen und Damis den Schluss von Siegmunds Selbstgespräch (III, 83). Das Geseufz der beiden Liebenden wird von Lottchen behorcht (III, 47). Der hinzukommende Damis hört die erregten Worte seines erzürnten Mädchens (III, 73).

Ironisch wirkt es, wenn Lottchen selbst ihrem Siegmund die Nachricht von der Erbschaft bringt, die ihre Schwester antritt, und damit, ohne es zu wissen, ihm unmittelbaren Anlass zum Abfall giebt (III, 53 f.). Die Art, wie diese Nachricht von der Erbschaft im Verlaufe den einzelnen Personen mitgeteilt wird, mag zeigen, wie sehr in diesen Stücken alles verzettelt wird:

1. Es wird ein Brief verlesen, worin steht, dass die eben verstorbene Frau Stephan wahrscheinlich Herrn Cleon etwas vermacht hat (III, 34). —
2. Die falsche Nachricht. Julchen sei die Erbin, gelangt:

zu Lottchen (III, 50), zu Cleon und Siegmund (III, 53), zu Damis und Julchen (III, 67). —

3. Die Berichtigung, Lottchen sei die Erbin, gelangt ebenso: zu Lottchen (III, 77), zu Siegmund (III, 79), zu Damis und Julchen (III, 87). Endlich wird Julchen mitgeteilt, dass Lottchen ihr 10000 Thaler abgeben solle (III, 88).

Einige der Hauptmotive seiner „zärtlichen Schwestern" scheint Gellert dem „Ingrat" des Destouches entlehnt zu haben, worauf Erich Schmidt (Allg. deutsche Biographie, 8, 547) zuerst kurz hingewiesen hat. In dem französischen Lustspiele verlässt Damis die verarmte Orphise, die er wirklich geliebt hat, und wirbt um die Hand Isabellens, der Tochter des wohlhabenden Géronte. Sobald er aber erfährt, dass seine frühere Geliebte ihren Process gewonnen und von einer gestorbenen Tante eine grössere Summe geerbt hat, kehrt er wieder zu ihr zurück. Ebenso schwankt Gellerts Siegmund. Wie Géronte als unfreiwilliger Zuhörer des Liebesantrages, den Damis Orphisen macht, sich von der Verräterei überzeugt, so entdeckt Julchen durch zufälliges Auffangen eines Selbstgespräches Siegmunds Treulosigkeit. Und wenn Orphise standhaft allen Vorwürfen, die man ihrem Geliebten macht, trotzt und erst als letzte von allen den Glauben an ihn verliert, so weist auch Lottchen alle Anklagen gegen Siegmund zurück, bis sie zuletzt seinen Verrat zugeben muss. In einer Ensemblescene wird in beiden Stücken das eine vorher getrennte Liebespaar vereinigt, der treulose Liebhaber entlarvt und von denen, die er beleidigte, mit Schonung behandelt. Isabelle wie Julchen werden von zwei Liebhabern umworben, die beide mit einander befreundet sind. Aber nicht nur in den Beziehungen, in denen sie zu ihren Mitbewerbern stehen, auch im Charakter zeigen Damis und Siegmund Ähnlichkeit. Beide sind leichtfertige und verarmte Heuchler, treulos gegen den Freund und die Liebste; ihre Neigung kommt und schwindet mit dem Geld.

Auch Molières „Femmes savantes" wären zur Vergleichung heranzuziehen: Wie Julchen, so will auch Armande von keiner Heirat hören, vielmehr wollen beide nur freundschaftlich mit ihrem Liebhaber verkehren. In Molières wie in Gellerts Lustspiel trifft eine folgenschwere, falsche Nachricht ein, die dort den habgierigen Trissotin entlarvt, hier den Treubruch Siegmunds veranlasst; und wie Ariste zwei Briefe schreibt, um die unredlichen Absichten des Dichterlings aufzudecken, so schickt Simon an Lottchen eine anonyme Aufklärung der Perfidie.

Vater Cleon bewahrt seiner verstorbenen Frau ein treues Gedenken und hat seine Töchter sorgsam erzogen. Sein inniger Wunsch ist diese beiden, denen er zwar kein Vermögen, wohl aber einen makellosen Namen hinterlässt, am Ende seiner Tage noch glücklich versorgt zu sehen.

Sein Bruder, der Magister, schleicht durch das Stück wie ein gelehrter Schemen. Er ist das Prototyp des weltfremden, schulmeisternden Stubengelehrten. Ohne jeden Blick für die Bedürfnisse seiner Umgebung gebärdet sich dieser pedantische Ratgeber, als stehe er auf dem Katheder, und Julchen weist sein Gerede mit den Worten zurück (III, 28): „Herr Magister, Sie sind ja nicht auf Ihrer Studirstube. Was quälen Sie mich mit Ihrer Gelehrsamkeit?" Wie er selbst in dem Stücke zu einem nicht grade glücklichen Fabeldichter wird, so zieht er auch am Ende mit vielem Bedacht seine Moral aus der Fabel des Lustspiels (III, 103): „Ich bin ruhig, dass ich das Laster durch mich entdeckt, und durch sich selbst bestraft sehe. So geht es. Wenn man nicht strenge gegen sich selbst ist: so rächen sich unsere Ausschweifungen für die Nachsicht, die wir mit unsern Fehlern haben." Die Figur des Magisters wurde Gellert verübelt, weil man meinte, dass er einen bestimmten Gelehrten verspotte. In der Vorrede zu seinen Lustspielen weist Gellert diese Beschuldigung zurück: „Alle, die mich kennen, werden wissen, dass ich einen Abscheu vor allen persönlichen Beleidigungen habe, und theils zu träge, theils nicht boshaft genug dazu bin." „Ich bitte also meine Leser, wenn sie ein Original zu dem Magister suchen, dass sie sich tausend Personen in Gedanken vorstellen und hie und da einen Zug entlehnen mögen, bis ein Gesichte daraus wird, das diesem Charakter gleicht. Wenn sie ihn so suchen, so werden sie sehen, dass mein Pedant unter allen Gattungen der Gelehrten herrscht, und dass ich diesen Charakter blos darum einem Philosophen angedichtet habe, weil ich ihn nicht allen Arten der Gelehrten zugleich andichten konnte" (III, 8 f.).

Neben dem Magister steht Simon, der redliche Vormund. Er scheint von einer Neigung zu Lottchen ergriffen (III, 95, 103, 104), doch um seiner Anklage gegen Siegmund Nachdruck zu verleihen, schwört er nie auf ihre Hand Anspruch machen zu wollen.

Die beiden Liebhaber lernen wir erst allmählich unterscheiden. Das Lob Simons enthüllt die trefflichen Eigenschaften seines Mündels ebenso, wie sein Tadel das leichtfertige Wesen Siegmunds aufdeckt. Während der eine treu bei seinem Mädchen ausharrt, das ihn noch dazu recht lange hat warten lassen, verlässt der andere treulos das arme Kind, das sich ihm so herzlich ergeben hatte.

Die Geschwister sind einander zärtlich zugethan — daher der Titel des Stückes —, und jene Erbschaft giebt ihnen Gelegenheit neidlose Entsagung und edle Mitfreude zu zeigen. Als der junge Graf Dohna bei Gellert einen Besuch macht, bittet er ihn eine Braut für ihn auszusuchen, „wie die Schwedische Gräfin, oder Lottchen in den zärtlichen Schwestern ist" (VIII, 289: Dahlener Antiquarius 1, 12).

In der Zeichnung Julchens suchte Gellert ein eigenartiges Charakterproblem zu lösen, und ganz unbeholfen steht er der Aufgabe nicht gegenüber. Ein Mädchen, das sich gegen ihren Liebhaber sträubt, weil es so wunderliche Anschauungen von Liebe und Ehe hegt, soll im Laufe des Stückes curiert werden. Darum muss Damis ihr „in den Gedanken von der Freyheit" (III, 20) Recht geben, Siegmund aber sich um ihre Gunst bewerben; denn nun — so meint Gellert — wird sie gegen Damis offener und über Siegmund unmutig und böse werden, im Zorn jedoch ihre Liebe verraten. Darum muss Siegmund die Treue ihres Liebhabers verdächtigen; denn nun wird sie eifersüchtig, und als sie den Betrug durchschaut hat, weiss sie, dass sie Damis wirklich gewogen ist: Eifersucht entspringt der Liebe. Gegen dieses Heilverfahren ist psychologisch nicht viel einzuwenden, aber die ganze Art, wie dieses Kind sich giebt, ist gezwungen, und wenn sie kühnlich behauptet (III, 22, 24), sie möchte lieber eine Schar von Freunden um sich versammelt sehen als in trauriger Ehe die Fesseln eines Einzigen tragen, so wollen diese Emancipationsgelüste gar wenig zu dem halben Kind, dem einfachen Bürgermädchen passen.

Ein ähnliches Thema wie in diesem Lustspiele behandelte Gellert in zwei Fabeln: „Die beiden Mädchen" (I, 134) und „Der Freyer" (I, 206). In der einen wählt der Bewerber statt der jüngeren, schöneren, aber gefallsüchtigen Philippine deren einfachere Schwester Caroline, in der anderen zieht er dem schönen, reichen, aber herzlosen das unbemittelte, aber tugendhafte Mädchen vor.

Als „Die zärtlichen Schwestern" von der Neuberin aufgeführt wurden, fanden sie vielen Beifall, nicht zum wenigsten durch das vortreffliche Spiel der Klefelderin und Lorenzin als Lottchen und Julchen.*) Lottchen war übrigens die erste bedeutendere Rolle, in der sich Johanna Christiane Starke hervorthat.**)

IV. „Die kranke Frau".

Dieses Nachspiel erschien zuerst in der Gesamtausgabe der Lustspiele von 1747. Es kann nicht vor dem 24. Mai dieses Jahres vollendet sein, da an diesem Tage das 22. Stück des „Jünglings" mit der „Ode an den Frühling" (S. 105) erschien, auf die Philippine anspielt (III, 343).

Das Stück stellt die Geschichte einer fingierten Krankheit dar. Wir kennen das Motiv bereits aus dem „Loos in der Lotterie". Frau Stephan liegt im Lehnstuhl und zankt mit

---

*) Chronologie, S. 122.
**) Chronologie, S. 134. Schütze, Hamburgische Theatergeschichte, S. 276.

ihrer Muhme, die ihr nicht teilnehmend genug erscheint, wie Frau Orgon das Betragen ihres unempfindlichen Mannes schilt. Aus dem Gespräche merkt der Leser bald, worin das Unwohlsein der Frau seinen wahren Grund hat. Sie hat am Vormittag den Besuch von Frau Richardinn empfangen und sich über deren neumodische Kleidung krank geärgert. Was hier die Adrienne bewirkt, veranlassen in dem „Loos in der Lotterie" die Ohrringe und die Zitternadel. Beide Frauen verdecken die Ursache ihrer Krankheit: Frau Orgon führt sie auf den Unwillen zurück, den ihr das Verhalten der Sänftenträger gegen ihren Mann bereitete; Frau Stephan schützt Erkältung vor. Und wenn Herr Stephan die Krankheit als einen Vorboten naher Entbindung auffasst, so hält auch Orgon seine Frau für schwanger. Beide klagen denn auch über die gleichen Schmerzen: über Mattigkeit, Atemnot, Herzklopfen, und drohen jeden Augenblick in Ohnmacht zu fallen. Frau Stephan nimmt als Heilmittel das Lebenselixir des Herrn Richard ein. Nach diesem Trunke wird der Scheinkranken wirklich übel, und sie schickt in ihrer Angst zum Balbier, der ihr zur Ader lassen soll. Inzwischen bringt Herr Richard die Andrienne seiner Gattin herbei, die all das Unheil heraufbeschworen hat, und als die kluge Philippine sich bemüht ihrer Muhme das neue Kleid anzuziehen, giebt diese nach einigem Sträuben nach und lässt es geschehen. Das Überraschende tritt ein: die Kranke wird durch den Kleiderwechsel plötzlich wieder kerngesund. Herr Richard, der immer noch denkt, sein Elixir habe das Wunder bewirkt, hält nun schnelle Bewegung für das Beste und rast mit der genesenen Frau im Tanze durch das Zimmer. Damit der Leser den Zusammenhang recht ergründe, muss endlich Philippine auf die einfältige Frage des Herrn Stephan, ob Richard das Medikament selber bereite, den Bescheid geben: „Nein, es wird eigentlich in der Seidenfabrik gemacht. Herr Richard kriegt den Dank, und ich habe ihn verdient" (III, 378).

Herr Wahrmund verdankt seine Existenz wie Gellerts Magister und Deutschfranzose bloss der satirischen Tendenz. Seinen Namen führt er teils mit Recht; denn er will wahrsagen, teils mit Unrecht; denn er ist ein Betrüger. Alles, was er über die Krankheit der Frau sagt, hat er sich auf ganz natürliche Weise vor den Augen des Zuschauers angeeignet; und wenn er über Henriettens Liebhaber seine genauen Mitteilungen macht, so merkt er garnicht, dass er eine komische Figur spielt und die beiden Mädchen ihn nur zum Besten haben. Auch kehrt er den vornehmen und selbstlosen Künstler heraus, der nicht um Geldes Wert seine wunderbaren Einsichten feilbietet, sondern sich die Gabe des Herrn Stephan nur als Zeichen der Freundschaft gefallen lassen will. Um seiner Sache ein mysteriöses Ansehen zu geben, liebt dieser Geheimniskrämer Ausdrücke wie: „Doch von verborgenen Sachen rede ich nicht gern" (III, 350), „Die Verschwiegenheit ist die Seele meiner Profession" (351), „Dringen Sie nicht in mich" (352), „Mehr will ich Ihnen nicht sagen" (352), „Mehr mag ich nicht sagen" (355), „Ars non habet osorem, nisi ignorantem" (377). Oder er giebt mit viel Selbstgefälligkeit eine verwickelte und sophistische Erklärung seiner Kunst: „Was ist begreiflicher, als dass die Lebenslinie auf das Leben, die Ehrenlinie auf die Ehre, und der Gürtel der Venus auf die Liebe geht? Eben deswegen, weil sie so heissen, bedeuten sie dieses, und nichts anders. Und eben deswegen heissen sie so, wie sie heissen, weil sie das bedeuten, was sie bedeuten" (III, 354). Er ist bisweilen kühner, als für seine Sicherheit gut ist. Der Umstand wenigstens, dass er der kranken Frau den Tod prophezeit, bekommt ihm ziemlich schlecht. Philippine hat ein Recht ihn trepanieren zu lassen, und er muss ganz still als der Beschämte davonschleichen.*)

Gellert hielt es für ein Glück, dass der Mensch die Zukunft nicht vorherwisse. Er hat über den Gegenstand eine eigene Abhandlung geschrieben: „Warum es nicht gut sey, sein Schicksal vorher zu wissen" (V, 7 ff.).**) Darin

---

*) Auch in Holbergs „Wochenstube" tritt ein Chiromanticus auf, den Herr Corfitz befragt, ob ihm seine Frau untreu ist.
**) Zuerst erschienen in den „Belustigungen des Verstandes und Witzes". 1745. S. 200 ff.

Palaestra. II. 5

heisst es: „Ja sollte es Menschen geben, welche die Gabe hätten, mir mein Schicksal voraus zu sagen: so bitte und beschwöre ich sie, mir ihre unselige Weisheit zu verschweigen. Pest, Hunger und Schwerdt sind grosse Landplagen, aber Nativitätssteller, wofern es welche gäbe, Nativitätssteller für das ganze menschliche Geschlecht, würden noch weit fürchterlicher, als alle diese Uebel, seyn" (V, 21). Dieselbe Lehre verkündigt er in der Fabel „Semnon und das Orakel" (I, 85); man vergleiche auch die Fabel „Das Schicksal" (I, 121).

Denselben Gegenstand hatte Gellert schon einmal kürzer in der Fabel „Die kranke Frau"*) (I, 129 f.) behandelt. Neben der Verspottung der Scheinkranken tritt hier die Satire gegen die Ärzte deutlicher hervor als in dem Nachspiel. Die Ärzte werden ja nach dem grossen Vorgang der Franzosen häufig im deutschen Lustspiel übel mitgenommen: man denke nur an Picanders „Weiberprobe", an das „Testament" der Gottschedin, an Quistorps „Hypochondristen", an Mylius' gemeine Posse „Die Ärzte".

An die Aufführung des Stückes auf dem Hamburger Nationaltheater (14. Juli 1767) knüpft in der Hamburgischen Dramaturgie Lessing das höhnische Gespräch seiner „Bekanntinnen" an, die ihre Einwendungen gegen das Lustspiel vorbringen.**) Löwen aber erklärte Gellerts „Kranke Frau" für sein schönstes Stück.***)

In den Jahren 1748 und 1749 führte Schönemann sämtliche Stücke Gellerts auf,†) und in den Jahren 1751††) und 1756†††) wurden die Gellertschen Rührstücke von derselben Truppe in Hamburg gespielt. Demoiselle Schönemann wurde in der Rolle der kranken Frau bewundert.*†) Noch am

---

*) Zuerst erschienen im I. Teil der „Fabeln und Erzählungen" 1746.
**) 22. Stück, Sämtliche Schriften. 9, 273 f.
***) Schriften, Hamburg 1766. 4, 44.
†) Plümicke, S. 198.
††) Schütze, Hamburgische Theatergeschichte. S. 275 f.
†††) Ebenda. S. 293. E. Devrient, Geschichte der deutschen Schauspielkunst. Leipzig 1848. 2, 97.
*†) Schütze, S. 291.

7. Juli 1773 wurde „Die kranke Frau" von der Kochschen Gesellschaft gespielt.*) Die Stücke Gellerts erhielten sich also noch bis in die 70er Jahre auf der Bühne, aber ihre Anziehungskraft kann nicht mehr sehr gross gewesen sein; denn in der Chronologie heisst es: „Herr Gellert, der schon seit vielen Jahren der Bühne abgestorben war, starb" (1769).**)

D. Zur Sprache.

I. Dialogisches.

Gellert sucht in seinen Lustspielen die Redeweise seiner Personen bei leiser sächsischer Färbung der gebildeten Umgangssprache des wirklichen Lebens anzunähern. Wie er in seinen Fabeln gern in einen leichten Plauderton übergeht und durch Ausrufe, Einwürfe, Parenthesen, Anreden an den Leser, an seine Figuren, durch Einfügung von Frage und Antwort, Rede und Gegenrede den strengen Ton der Erzählung unterbricht, so gilt seine Anmerkung am Schlusse der Selbstkritik einiger Jugendfabeln auch für seine dramatischen Stilbestrebungen (I, 316): „Wo ist wiederum das Natürliche und Leichte, das in der Kunst zu erzählen so gefällt; das die Seele der Erzählung, das die Nachahmung des schönen Dialogischen ist?" Indes dachte er bei diesen seinem Briefideal verwandten Bemühungen den sprachlichen Ausdruck möglichst natürlich zu gestalten, immer nur an eine massvolle Natürlichkeit, und auch er hat das „schöne Dialogische" nicht von einer schleppenden Breite und der einheimischen Umständlichkeit befreien können.

Um der Unterhaltung Lebhaftigkeit und Natürlichkeit zu geben, lässt er sie nicht erst mit dem Aufgehen des Vorhangs beginnen, sondern das Gespräch ist schon im Fluss.

---
*) Plümicke, S. 407.
**) Chronologie, S. 291.

Gern setzt er beim Beginn der Acte mit einer lebhaften Frage ein: Cleon (zu Julchen): „Du wirst doch wissen, ob du ihm gut bist" (III, 38); Julchen (zu Siegmund): „Was sagen Sie mir? Das glaube ich in Ewigkeit nicht" (72); Lorchen (zu Ferdinand): „Was ich Ihnen sage. Sie können die Frau Muhme itzt nicht sprechen" (139); Fr. Richardinn (zu Christianchen): „Ich sage dirs, denke mir nicht mehr an ihn" (178); Fr. Damon (zu Hr. Orgon): „Was sagen Sie mir?" (283); Philippine (zu Fr. Stephan): „Wie? Madam! Sie befinden sich nicht wohl?" (341).

Aus dem gleichen Grunde legt Gellert seinen Personen nur selten lange Reden in den Mund, weil man auch in der Unterhaltung des Lebens keine Vorträge zu halten pflegt, sondern sie fallen einander ins Wort; eine lässt die andere nicht zu Ende sprechen und zahlreiche Gedankenstriche bezeichnen diese abgerissenen und abgebrochenen Sätze. Auch brechen die Personen selbst ihre Rede ab und beginnen, weil inzwischen ein anderer Gedanke, eine andere Empfindung sich regt, eine neue Satzreihe, ehe die erste noch zu Ende geführt war.

Sehr gut angewandt sind die Aposiopesen an der Stelle, wo Simon Ferdinand mitteilen möchte, dass ihm seine Braut nicht lebhaft genug ist. Er getraut sich nicht dies gerade herauszusagen, sondern bricht immer ab (III, 156):

Simon: Sie ist schön, recht sehr schön, aber —
Ferdinand: Nun, was fehlt Ihnen? was wollen Sie mit dem aber sagen?
Simon: Meine Braut ist recht sehr schön, Herr Ferdinand: aber —
Ferdinand: Aber, sie will Sie nicht haben?
Simon: Ach nein! .... Das gute Kind besitzt viel Schönheit, viel Reichthum; möchte Sie nur auch das Dritte besitzen!

Und nun ist es Ferdinand, der das ausspricht, womit Simon nicht herausrücken wollte, und zwar in Frageform:

Hat sie etwa keinen Verstand?
Simon: Viel nicht, so viel ich muthmasse.

Ähnlich sehent sich in der „Betschwester"(III,175)Christianchen die Bitte, Simon möge sein Herz ihrer Freundin schenken, auszusprechen:

> Christianchen: Ich wünschte, dass Sie —
> Simon: O sagen Sie doch, was Sie wünschen. Ich bitte Sie von Herzen.
> Christianchen: Ich wünschte — Nein, ich kann es nicht sagen . . . .
> Christianchen: Herr Simon, Sie sollen das Herz, das Sie mir geben wollten, —

Jetzt sagt Simon das, was sie wünscht, und zwar ebenfalls in Frageform:

> Lorchen geben?
> Christianchen: Ach ja.

III, 181 wird durch eine Unterbrechung allein die Zankscene zwischen Fr. Richardinn und Lorchen möglich:

> Lorchen: Herr Simon lässt —
> Fr. Richardinn: Herr Simon mag hingehen, wo er hin gehört.

Nun schilt die Betschwester Lorchen aus, bis diese auf das, was sie sagen wollte, zurückkommt (III, 184):

> Herr Simon lässt Ihnen —
> Fr. Richardinn: Um mich recht zu erbittern, so fängt sie wieder von Simonen an, ...

Nachdem die Betschwester zu Ende gesprochen, kann Lorchen endlich auch ihren Satz vollenden: „Herr Simon lässt Ihnen sein Compliment machen". Als sie dann der Richardinn mitteilt, dass Simon ihr einen kostbaren Aufsatz zugeschickt hat, ist diese sofort versöhnt.

Im Eifer der Unterhaltung nimmt eine Person der andern das Wort aus dem Munde (III, 155):

> Fr. Richardinn: Die Religion —
> Ferdinand: Die Religion ist das Heiligste unter allem, was ein Vernünftiger hochschätzen kann.

Eine Person spricht aus, was die andere verschweigt (III, 24):

> Julchen: Mein Herr, ich wollte, dass Sie nunmehr —
> Damis: Dass sie giengen, wollten Sie sagen.

Der Magister setzt einen Satz Julchens fort (III, 59):

Julchen: Ein Rätsel, das niemand auflösen kann —
Der Magister: Als wer Verstand genug hat, in die Natur der Dinge zu dringen.

Erregung malt Gellert in dem unruhigen und abgebrochenen Satzbau, die Construction wird preisgegeben, zahlreiche Aposiopesen durchschneiden die Sätze, oder die Leidenschaft macht sich in gehäuften Fragen und Ausrufen Luft und schreit. Sie hängt sich an das eine Wort, welches das Gefühl hervorrief und wiederholt es sich immer wieder. Als Siegmund ihr ihren Geliebten als untreu verdächtigt hat, ruft Julchen aus (III, 72):

> Der Verräther! Ja, er soll es leugnen. Ich mag dieses Verbrechen nicht aus seinem Munde erfahren. Ich will ihn nicht bestrafen. Nein! Sein Gewissen wird mich rächen. — Wie? Er? dem ich heute mein Herz schenken — doch nein, ich habe ihn nicht geliebt. Aber hat er nicht tausendmal gesagt, dass er mich liebte? Hält man sein Wort unter den Männern nicht besser? .... Verlassen Sie mich, liebster Freund. Ich will — Und du, meine Schwester, du schweigst? Und alles diess thust du, o Liebe, du Pest der Menschen!

III, 287 schreit Herr Damon fortwährend nach dem Loos:

> Das Loos, Herr Simon, das Loos! um aller Barmherzigkeit willen! .... Sie wollen gehen, ohne mir das Loos — Halt an! Ich muss das Loos haben, oder ich ersteche Sie. Hören Sie? mein Loos! .... Ich will das Loos haben.

Als Orgon Frau Damon mitteilt, dass ihr Loos 10 000 Thaler gewonnen hat, kann diese das Glück kaum fassen (III, 283 f.):

> Zehn tausend Thaler? .... Zehn tausend Thaler! .... Herr Schwager, zehn tausend Thaler habe ich mit vier Thalern gewonnen?

Der von dem Liebesgeständnis Lottchens beglückte Siegmund giebt seiner Freude in lauter Fragen und Ausrufen Ausdruck (III, 17):

> Sie lieben mich? Sie sagen mirs in der Gegenwart Ihres Papas? Sie? mein Lottchen! Verdiene ich diess? Soll ich Ihnen antworten? und wie? O lassen Sie mich gehen und zu mir selber kommen!

Als Julchen Siegmund seine Untreue vorhält, erwidert er (III, 100):

Ich soll untreu seyn? — Ich? (Er geräth in Unordnung.) Ich soll der aufrichtigsten Seele untreu seyn? Wer? Ich? Gegen Ihren Herrn Vater soll ich etwas gesprochen haben? Was sind das für schreckliche Geheimnisse? — Sie sehen mich ängstlich an, meine Schöne? Wie? Sie lieben mich nicht? Sie lassen sich durch meine Widerlegungen nicht bewegen? — Sie hören meine Gründe nicht an? — Bin ich nicht unschuldig? — Wer sind meine Feinde? — Ich berufe mich auf mein Herz, auf die Liebe, auf alles . . . .

Vergleiche ferner: III, 192, 200, 217, 299.

Sehr häufig bedient sich Gellert zum Ausdruck leidenschaftlicher Erregung der Anapher. Fr. Richardinn (zu ihrer Tochter): „Ich will dich enterben, ich will dich aus dem Hause stossen, ich will nichts mehr von dir hören und wissen" (III, 179). So geht der Redestrom der erzürnten Betschwester gegen Ferdinand in asyndetisch-anaphorischer Verbindung ungehindert fort (III, 193):

Was? Ablassen will er? Nein, nun und nimmermehr, und wenn mein ganzes Vermögen darauf gienge. . . . . Ich will gehen, soweit mich meine Füsse tragen. Ich will dem Landesherrn einen Fussfall thun. Ich will mir und meiner Tochter Recht schaffen. Ich will beten, dass es dem ehrlosen Simon nimmermehr wohl gehen soll. —

bis ihr der Atem ausgeht: „Ich will —" und sie aufatmend alles Gesagte noch einmal zusammenfasst: „Ich arme Frau! Ja alles dieses will ich thun." Vergleiche noch III, 289, 291, 357.

Auch knappe Rede und Gegenrede dienen zum Ausdruck erregter Stimmung (III, 94):

Lottchen: Und ich werde ihn ewig lieben.
Simon: Sie kennen ihn nicht.
Lottchen: Besser, als Sie, mein Herr.

Oder III, 375:

Wahrmund: Ihr Elixir wird wohl nicht für den Tod helfen.
Richard: Und Ihre Prophezeihungen werden wohl auch nicht so gewiss seyn.
Wahrmund: Ein Mann, der nicht studiert hat, untersteht sich - ?

Richard: Ja, ich bin kein Litteratus. Aber es mag mit Ihrer Kunst seyn, wie es will: so weis ich doch so viel, dass sie nicht viel werth ist.

Wahrmund: Mein Herr, ich sehe es an Ihrer Stirne, dass es Ihnen an etwas fehlt.

Richard: Und ich höre es aus Ihren Reden, dass Sie ein hochmüthiger und eingebildeter Mann sind.

Wahrmund: Ich lese sehr genau aus Ihren Gesichtszügen, dass Sie einen grossen Feind an dem Verstande haben.

Richard: Und ohne Ihr Gesicht und Ihre Hand anzusehen, will ich Ihnen sagen, hüten Sie sich, dass Sie vor grosser Weisheit nicht närrisch werden.

Leidenschaftliche Erregung vergisst, irrt sich und misshört (III, 46):

Lottchen: . . . Aber was wollten Sie sagen?
Damis: Fragen Sie mich nicht. Ich habe es wieder vergessen. Ich kann gar nicht mehr zu meinen eigenen Gedanken kommen.

Oder III, 48:

Julchen: Ich wollte ihr sagen, — dass der Papa nach ihr gefragt hätte und —
Damis: Der Papa? mein Engel!
Julchen: Nein, ich irre mich, Herr Siegmund hat nach ihr gefragt, und meine Schwester sprechen wollen . . .

Oder III, 286:

Fr. Damon: . . . . ich bin so glücklich gewesen, zehn tausend Thaler zu gewinnen.
Hr. Damon: Ich bin des Todes. Was sagte ich? Wie? Zehn Thaler hast du nur gewonnen?
Fr. Damon: Zehn tausend Thaler.

Man giebt in der Eile etwas zu und widerruft es dann (III, 246):

Carolinchen: Wollen Sie mir auch die Hochzeit ausrichten und die Brautkleider schaffen?
Hr. Damon: Ja! das will ich. — Wie meynten Sie? Die Hochzeit ausrichten und die Brautkleider schaffen? Nein! Das würde Herr Simon nicht geschehen lassen. Es wäre für ihn ein Schimpf und für mich eine Pralerey.

Zur Belebung des Gesprächs dienen zahlreiche Ausrufe, die von einfachen Interjektionen bis zu ganzen Sätzen anschwellen. In den ersten Fassungen waren diese Ausrufe noch häufiger, da Gellert viele, namentlich Exclamationen religiöser Art beseitigte. Von den Interjectionen begegnen: Ach (III, 15, 36, 38, 39, 71, 164); ey (101); ey, ey (37); ha (252); ha, ha (245, 273); o (23, 28, 40, 58, 67); daneben erscheinen die Ausrufe: Gut (54, 63, 91, 211); gut, gut (251); ja, ja (60, 69, 145, 146, 168); nein, nein (145, 164, 170, 250); je nun (15, 35, 163, 186, 265); nun, nun (14, 40, 218). Man ruft aus: „Ich Unglücklicher!" (20), „Ich Betrogene!" (99), „Ich arme Frau! Ich verlassne Wittwe!" (153), „Das gute Mädchen!" (45), „Die rechtschaffene Frau!" (53), „Der gottlose Bettler!" (145), „Der gottlose Mensch!" (146), „Ach! das Armuth!" und „Ach! die Hausarmen!" (164), „Der artige Mensch!" (186), „Die eitle, stolze und verführerische Frau!" (223), „Das grobe, ungeschliffene Volk!" (225), „Der rechtschaffene Mann!" (227), „Die verzweifelten Mücken!" (230), „Du garstiges, ungezogenes Kind, du!" (179), „Mit Ihrer verwünschten Sänfte!" (223), „O über ihren Stolz!" (243), „Das heisst Grossmuth! Das heisst Freundschaft!" (203), „Ach ich bin des Todes!" (231), „Ja, so wahr ich ein ehrlicher Mann bin!" (232), „Ach wie warm wird mir um das Herze!" (234), „Wie dauert mich Carolinchen!" (289), „Das heisst gewonnen!" (298), „Wohl bekomme Dirs!" (360). Wenn sich die Sprache schon wegen der Sphäre, in der diese Stücke leben, nicht viel über die gewöhnliche Redeweise erheben kann, so hat Gellert doch noch durch Einflechtung alltäglicher Wendungen und vertraulicher Redensarten dafür gesorgt, sie an der ebenen Erde festzuhalten. Solche Ausdrücke sind: „so hat es gute Wege" (III, 39), „Ich gehe nach der Grube zu" (41), „nicht sauer ankommen" (43), „Ich werde schon, so lange ich lebe, Brodt in meinem kleinen Hause haben" (69), „um ihren Nährpfennig bringen" (145), „solche Suppe war sein Leben" (151), „Er nahm nichts auf die leichte Achsel" (153), „spannen Sie die Saiten nicht zu hoch" (158), „Es geht gar zu viel bey mir auf" (167), „es wird mir angst und bange dabey" (168), „einen Bissen Brodt bey uns essen" (192), „dass er meine arme Tochter sollte sitzen lassen!" (194), „dass es mir so sauer ankömmt" (202), „Das grobe Volk fragt den Henker darnach" (222), „Manchmal geht mir der Aufwand wohl im Kopfe herum" (225 f.), „Er liess sichs blutsauer werden" (227), „Vier Thaler zum Fenster hinauszuwerfen?" (231), „Die bösen Leute bringen einen noch unter die Erde" (233), „Ich wollte wetten, dass ihr kein Finger weh thut" (237), „Ihr Herr Vater hatte die Weisheit auch nicht vom Himmel geholet" (243), „dass ihm das Maul nie stille steht" (260), „auf üble Gedanken fallen" (296).

Mit diesen gewöhnlichen Wendungen steht im wunderlichen Contrast ein feierliches Ceremoniell der Rede, das sich in den Lustspielen der Zeit so häufig findet und Ausfluss der damaligen Höflichkeitsmode war. In den „zärtlichen Schwestern" bittet Lottchen in Gegenwart von nur zwei genauen Bekannten um die Erlaubnis, einen Brief zu öffnen, den sie soeben empfangen hat (III, 80): „Wollen Sie erlauben, meine Herren, dass ich den Brief in Ihrer Gegenwart erbrechen darf?" Derlei ist sehr häufig:

Ferdinand (zur Betschwester): . . . Herr Simon wird gleich da seyn, und um Ihre versprochene Einwilligung nochmals gehorsamst bitten (III, 147).

Simon (zur Betschwester): Madame, Sie haben befohlen, dass ich Ihnen diesen Nachmittag aufwarten, und Dero Entschluss — (155).

Simon (zu Fr. Richardinn): Die Frau Schwiegermutter (erlauben Sie, dass ich mich nunmehr dieses Wortes bedienen darf.) können doch allemal Ihre Zuflucht zu mir nehmen, wenn Ihnen etwas mangeln sollte (163).

Simon (zu Lorchen): . . ich sagte ihr, dass ich für die Ehre, Ihr Schwiegersohn zu werden, mich gehorsamst bedanken, und mich ihr hiermit bestens empfehlen wollte (171).

Lottchen (zu ihrer Schwester): Nein, Julchen, ich kündige hiermit dir und deinem Liebhaber ein ansehnliches Glück an (67).

Simon (zu Lottchen): Wollen Sie unbeschwert diesen Punkt lesen (77).

Wahrmund (zu Stephan): Sehen Sie unbeschwert her (368).

Wir kommen nun zu Eigentümlichkeiten des Gellertschen Dialogs, die uns in Lessings Jugendlustspielen wiederbegegnen und auch auf die Sprache in Lessings „Minna von Barnhelm" hinweisen, ja teilweise sich sogar in seiner „Emilia Galotti" beobachten lassen. Damit soll natürlich nicht die Sprache in Lessings Jugendlustspielen und die Sprache in seinen späteren Dramen auf eine Stufe gestellt und der allgemeine Einfluss der französischen Komödie auf die sächsische übersehen werden.

Bei Gellert wie bei Lessing lässt sich Parallelismus in Rede und Gegenrede beobachten.

Ich halte neben einander:

1. Gellerts Lustspiele:

Julchen: . . Und Sie, mein Herr —
Damis: Und Sie, meine Schöne —? (III, 68).
Siegmund: Sie lieben mich doch, grossmüthige Schöne?
Lottchen: Und Sie lieben mich doch auch? (99).
Fr. Richardinn: . . . . Ich will doch nicht hoffen, dass Sie ein heimlicher Verächter des Gebets sind.
Ferdinand: Und ich will nicht hoffen, dass Sie mich ohne Grund zum Heiden machen werden (154 f.).
Ferdinand: . . . Ich zweifle sehr daran —
Fr. Richardinn: Ich zweifle keinen Augenblick (195),
Hr. Damon: . . . Ich dürfte fast das Loos nicht verkaufen, weil die Tugend darauf steht. Wer weis, wie viel sie gewinnt?
Hr. Simon: Und ich dürfte fast das Loos nicht nehmen, weil die Tugend darauf steht. Wer weis, wer es sieht, und mich für einen Milzsüchtigen hält? (250.)
Wahrmund: Ihr Elixir wird wohl nicht für den Tod helfen.
Richard: Und Ihre Prophezeihungen werden wohl auch nicht so gewiss seyn (375).

2. Lessing, „Misogyn":

Valer: . . . Ich werde es für mein grösstes Unglück halten, wenn ich eine Person länger entbehren muss, die mir das Schätzbarste in der Welt ist. Und Sie —
Wumsh: Und ich werde es für dein äusserstes Unglück halten, wenn ich dich deiner blinden Neigung folgen sehe. (Sämtl. Schr. II, 5.)

„Freygeist":

Theophan: Ich erkenne meinen Vetter.
Araspe: Und ich erkannte ihn fast nicht (II, 82 f.).
Henriette: .. Wissen Sie, dass wir uns über diese mürrischen Gesichter zanken werden, noch ehe uns die Trauung die Erlaubniss dazu ertheilt?
Adrast: Wissen Sie, dass ein solcher Einfall in Ihrem Munde nicht eben der artigste ist? (II, 91.)

„Schatz":

Staleno: Ich bin mir recht gram, dass ich mir nur einen Augenblick etwas Unrechtes von Ihnen habe einbilden können!
Philto: Und ich bin Ihnen recht gut, dass Sie so fein offenherzig gegen mich gewesen sind. (II, 137.)

„Minna von Barnhelm":

Der Wirth: ... O, das ist ein Freund von unserm Herrn Major! das ist ein Freund! der sich für ihn todt schlagen liesse! —
Werner: Ja! und das ist ein Freund von meinem Major! das ist ein Freund! — den der Major sollte todt schlagen lassen (II, 213).

„Alte Jungfer":

Hr. Rehf.: Ich weis nicht, mein Herr, ob Sie mich für einen Narren ansehen.
Lelio: Und ich weis nicht, ob Er uns nicht alle für Narren ansieht. (III, 229.) Vgl. auch III, 218 u. 232.

Cleon sagt einmal zu seiner Tochter Julchen: „Ihr Mädchen gebt heut zu Tage auf ein Wort Achtung, wie ein Rechenmeister auf eine Ziffer" (III, 41). Das gilt an einzelnen Stellen auch für den Dialog der Lustspiele, wo bisweilen scharf aufgepasst wird, ein Wort „auf die Goldwage" gelegt, ein Ausdruck aufgemuzt und ein passenderer an seine Stelle gesetzt wird.

Cleon: .... Hätte ich doch nicht gedacht, dass du so verliebt wärest.
Lottchen: Zärtlich, wollen Sie sagen. (III, 16.)
Julchen: .... Ich habe die Ehre, mich Ihnen zu empfehlen. Das ist ja eine rechte Hofsprache.
Damis (den letzteren Ausdruck corrigierend): Es ist die Sprache der Ehrerbietung. (25.)
Julchen: .... Ihr habt ja immer gesagt, dass er ein vernünftiger und artiger Mann wäre.

Lottchen: Das Beywort artig hätte nicht eben notwendig zu unserer Streitfrage gehört . . . . Herr Damis ist ganz gewiss verständiger, als ich; aber er ist auch ein Mensch, wie ich: und der beste Verstand hat seine schwache Seite.

Julchen: . . . . . , mein liebes Lottchen. Eure Spöttereyen sind mir sehr erträglich. Ich könnte Euch leicht die Antwort zurück geben, dass Euer Herr Siegmund auch unter die armen Sterblichen gehörte: aber ich will es nicht thun. (27.)

Cleon: . . . . Wem willst du es erst sagen, mir, oder meinem lieben Nachbar? Welcher ist dir lieber, du loses Kind?

Lottchen: Wenn ich die Liebe der Ehrfurcht frage: so sind Sies. Und wenn ich die Liebe der Freundschaft höre: so ist es Ihr lieber Nachbar. (52 f.)

Hr. Damon: . . . . Ich bin Ihnen meiner Frau wegen stets gewogen gewesen, und also —

Carolinchen: Auf diese Versicherung kann ich eben nicht stolz werden. Wenn Sie mir bloss der Frau Muhme wegen gewogen sind: so scheint es, dass ich eben nicht viel eigenthümliche Verdienste haben muss.

Hr. Damon: Wer wird denn nun alle Worte auf die Goldwage legen? (239.)

Stephan: . . . . Kinder von meiner Frau müssen tausend gute Eigenschaften bekommen.

Philippine: Sie müssen. Das weis ich eben nicht.

Stephan: Und Sie können noch zweifeln. Jungfer Muhme? Ist nicht meine Frau die schönste in der ganzen Stadt?

Philippine: Weil diese Frage die ganze Stadt angehet: so mag sie auch die ganze Stadt ausmachen. (346.)

Ähnlich bei Lessing:

„Der junge Gelehrte":

Anton: . . . . . Die Grillen Ihres Herrn Sohns sind lustiger.
Chrys.: Aergerlicher, sprich! (I, 299.)
Valer: . . . . Sie lieben mich also noch? und wollen sich einem andern überlassen?
Juliane: Ich will? Könnten Sie mich empfindlicher martern? Ich will? — — Sagen Sie: ich muss. (I, 307.)
Juliane: Und also hast du Chrysandern betrogen?
Lisette: Ey, sagen Sie doch das nicht; einen Betrieger betriegt man nicht, sondern den hintergeht man nur. Hintergangen hab ich ihn. . . . . . .
Juliane: Du hast ihm also wohl gar den falschen Brief untergeschoben?

Lisette: Behüte Gott! ich habe ihn bloss durch einen erdichteten Brief auf andere Gedanken zu bringen gesucht . . . (I, 353.)

„Der Freygeist":

Lisidor: . . . Ich bin es nur allzuwohl überzeugt, dass alle ehrliche Leute einerley glauben.

Adrast: Sollten! sollten! das ist wahr.

Lisidor: Nun da sehe man! was ist nun das wieder für ein Unterscheid? Glauben, oder glauben sollen: es kömmt auf eines heraus. Wer kann alle Worte so abzirkeln? (II, 58.)

Araspe: Wenn Sie bey persönlichen Beleidigungen so grossmüthig sind — —

Theophan: Stille; wir wollen es keine Grossmuth nennen. Es kann Eigennutz, es kann eine Art von Ehrgeiz seyn, sein Vorurtheil von den Gliedern meines Ordens durch mich zu Schanden zu machen. (II. 82.)

„Der Schatz":

Leander: . . . Ihr Vater soll der rechtschaffenste Mann von der Welt seyn.

Staleno: Seyn, oder gewesen seyn. (II, 130.)

„Emilia Galotti":

Der Prinz: Desto schlimmer — besser: wollt' ich sagen. (II, 380.)

Marinelli: . . . zwar ward es voraus versprochen, dass keiner der Unglücksfälle, die sich dabey eräugnen könnten, mir zu Schulden kommen solle —

Der Prinz: Die sich dabey eräugnen — könnten, sagen Sie? oder sollten? (II, 422 f.)

Sehr häufig ist bei Gellert wie bei Lessing das Auffangen und Wiederholen. Die psychologischen Gründe dieser Wiederaufnahme von Worten und ganzen Sätzen sind sehr mannigfacher Art und in den einzelnen Fällen meist leicht zu finden. Man klammert sich an einen Ausdruck, der einen beleidigt und verletzt hat. Überraschung und Freude, Zorn und Ärger hängen sich an das Wort, das die Gemütsstimmung veranlasste, oder man hält ironisch dem Partner seine eignen Worte vor. Dieses Auffangen und Wiederholen der Worte findet sich auch in Gellerts Fabelstil[1] und oft genug in den Dramen Heinrichs von Kleist.[2]

---

[1] Erich Schmidt, Anzeiger der Zs. für deutsches Altertum 2, 69.
[2] Georg Minde-Pouet, Heinrich von Kleist. Seine Sprache und sein Stil. Weimar 1897. S. 28 f.

Man vergleiche:

1. Gellerts Lustspiele:

Julchen: .... Ich will Ihnen gern gehorchen: aber lassen Sie mir nur meine Freyheit.

Cleon: Ich will Ihnen gern gehorchen: aber lassen Sie mir nur meine Freyheit .... sage mir nur, ob er dir gefällt.

Julchen: Ob mir Herr Damis gefällt? Vielleicht, Papa. Ich weiss es nicht gewiss.

Cleon: ... Gefällt dir seine Person, seine Bildung?

Julchen: Sie missfällt mir nicht. Vielleicht gefällt sie mir gar.

Cleon: Mädchen, was willst du mit deinem Vielleicht? .... so wirst du doch leicht von dir erfahren können, ob du ihn zum Manne haben möchtest.

Julchen: Zum Manne? (III, 38 f.)

Cleon: Mache, dass ich ihn bald Herr Sohn, und dich Braut heissen kann.

Julchen: Braut? (70.)

Cleon: .... Oder möchtest du Herr Siegmunden lieber zum Manne haben?

Julchen: Ich? Papa, Herr Siegmunden? (70.)

Julchen: Ach! Papa.

Cleon: Ach! Du sollst nicht Ach, du sollst Ja sprechen. (71.)

Lottchen: ..... Was habt ihr denn mit einander?

Julchen: Was wir mit einander haben? (75.)

Damis: Ist das der Lohn für meine Liebe?

Julchen: Der Lohn! (75.)

Damis: .... und eben deswegen ist der Mensch, der ..... eine abscheuliche Seele.

Lottchen: Eine abscheuliche Seele? (96.)

Simon: .... und das redliche Mädchen versorgten.

Fr. Richardinn: Das redliche Mädchen braucht nichts. (165.)

Christianchen: Er hat mir ja nichts gethan?

Fr. Richardinn: Nichts gethan? (180.)

Hr. Orgon: .... und lasse mir alles gefallen, wobey ich mich leidend verhalten kann.

Fr. Damon: Wobey Sie sich leidend verhalten können? (208.)

Vgl. III, 18, 25, 26, 42, 47, 48, 49, 53, 81, 83, 94 (Wiederholung in chiastischer Stellung), 96, 153, 173, 194, 222, 283, 298, 342, 345.

2. Gellerts „Fabeln und Erzählungen":

„Was, rief ein Prinz, den blassen Mund zu küssen,
Blass, sprach die Königinn, blass ist er, das ist wahr;

Doch sagt der Mann mit seinem blassen Munde
Mehr schönes oft in einer Stunde,
Als Sie, mein Prinz, durchs ganze Jahr." (I. 160.)

„Der Reiche, dem der Mann zu lange stehen blieb,
Fuhr endlich auf: Geht fort, ihr Schelm, ihr Dieb!
Ein Schelm? diess wäre mir nicht lieb." (I. 169.)

„Was meynst du, ist das Loch wohl tief?
Ich hätte Lust — Was? Lust hinein zu springen?" (I. 203.)

„Warum habt Ihr denn alles diess gethan?
Warum? Zu meines Namens Ehren. . . ." (I, 247.)

„Den sie so lieb, wie sich, und wohl noch lieber hatte —
Noch lieber? wirft der Spötter ein . . ." (I, 263.)

„Soll ich das Bild heruntertragen,
Es ist hart Holz, und es zerschlagen?
Das Bild? Nein, nein — doch — thus nur. Ja —" (I, 267.)

3. Lessing, „Der Misogyn":

Solbist: . . . . die erste Pars. enthielt ein richtiges Verzeichniss aller bösen Weiber, von der Eva an, bis auf die Ihrigen drey.
Wumsh: Was? Ein Verzeichniss aller bösen Weiber? (II, 29) u. s. f.

„Der Freygeist":

Theophan: . . . Aber ich sehe, Lisette hat Verstand — —
Lisette: Verstand? (II, 71) u. s. f.

„Der Schatz":

Lelio: . . . und mich hernach — — vor den Kopf schiessen.
Maskarill: Sich vor den Kopf schiessen? (II, 144.) u. s. f.

„Damon":

Die Wittwe: . . . Ja, gewiss, die Freundschaft kömmt mir itzt viel reizender vor, als die Liebe. Ich muss dieses dem Exempel meiner zärtlichen Liebhaber zuschreiben.
Lisette: Was, die Freundschaft? die Freundschaft reizender, als die Liebe? die trockne Freundschaft! (III, 180) u. s. f.

„Die Alte Jungfer":

Fr. Or.: . . . Der unbesonnene Mann!
Hr. Or.: Ich unbesonnen? unbesonnen? Was hält mich?
Fr. Or.: Heyrathe Sie ja nicht, liebe Jungfer. So sind die Männer alle; und der beste ist nicht des Teufels werth.
Hr. Or.: Was? Nicht des Teufels werth? (III, 204) u. s. f.

„Minna von Barnhelm":
Franciska: Hören Sie denn nicht? unsern Major.
Der Wirth: Major? Recht, er ist Major, der dieses Zimmer vor Ihnen bewohnt hat, und von dem ich ihn habe.
Das Fräulein: Major von Tellheim?
Der Wirth: Von Tellheim: ja! Kennen Sie ihn?
Das Fräulein: Ob ich ihn kenne? (II, 197.)
Franciska: O, Herr Wirth, das hat Ihnen geträumt.
Der Wirth: Geträumt? Nein, mein schönes Kind; . . . . aber ich wollte viel drum geben, wenn ich den Schlüssel dazu hätte.
Franciska: Den Schlüssel? (II, 211.)
Vgl. II, 213, 218, 223, 227, 234, 244, 263.

„Emilia Galotti":
Odoardo: . . . . Der Prinz hasst mich —
Claudia: Vielleicht weniger, als du besorgest.
Odoardo: Besorgest! Ich besorg' auch so was!
Claudia: Denn hab' ich dir schon gesagt, dass der Prinz unsere Tochter gesehen hat?
Odoardo: Der Prinz? Und wo das?
Claudia: In der letzten Vegghia, bey dem Kanzler Grimaldi, die er mit seiner Gegenwart beehrte. Er bezeigte sich gegen sie so gnädig — —
Odoardo: So gnädig?
Claudia: Er unterhielt sich mit ihr so lange — —
Odoardo: Unterhielt sich mit ihr?
Claudia: Schien von ihrer Munterkeit und ihrem Witze so bezaubert — —
Odoardo: So bezaubert? —
Claudia: Hat von ihrer Schönheit mit so vielen Lobeserhebungen gesprochen — —
Odoardo: Lobeserhebungen? (II, 397 f.)
Vgl. II, 400, 408, 427, 430, 434, 435, 441, 443, 444, 445, 447, 448.

Mit Lessing teilt Gellert auch die zahlreichen Wiederholungen innerhalb eines Stückes. Was wir an einer Stelle vernahmen, hören wir an anderer noch einmal wieder; auf Worte einzelner Personen wird später nochmals angespielt. Ich stelle neben einander:

1. Gellerts Lustspiele:
III, 24 ruft Damis aus: „O, es gehört weit mehr Stärke des Geistes zu der Freyheit, als zu der Liebe." Dem ent-

gegen behauptet Lottchen: „... Es gehört weit mehr Hoheit des Gemüths dazu, die Liebe vernünftig zu fühlen, als die Freyheit zu behaupten." Worauf Julchen erwidert: „Ich möchte vor Verdruss vergehen. Herr Damis hat gleich vorhin das Gegentheil behauptet . . ." (26). Julchen kommt auf das gleiche Thema nochmals zurück, wenn sie Damis mitteilt, sie habe ihrer Schwester gesagt, „dass Sie meiner Meynung wären, und behauptet hätten, dass mehr Hoheit der Seele zur Freyheit, als zur Liebe gehörte." (42). Cleon meint zu Lottchen: „.... Ihr losen Mädchen thut immer, als wenn euch nichts an den Männern läge, und heimlich habt ihr doch eine herzliche Freude an ihnen" (35) und wiederholt den Gedanken: „Die Mädchen müssen wohl ein wenig spröde thun; aber sie müssen es den Junggesellen auch nicht so gar sauer machen." (36). Ähnlich äussert sich Damon in dem „Loos in der Lotterie" zu Carolinchen: „Je spröder sich ein Mädchen stellt, desto verliebter ist sie" (245) und: „Ihr Geschlecht hat einmal das Gelübde über sich genommen, Nein zu sagen, wenn es Ja denkt, und frostig zu thun, wenn es im Herzen brennt. Die Schamhaftigkeit will es also haben." (273). Damis versenkt sich in die ihn beglückenden Worte Julchens: „Sie sagte endlich aufrichtig, sie wäre unruhig." „Sie nannte ihre Unruhe ein verdriessliches Wesen. Sie bat mich, dass ich deswegen nichts von der Hochachtung gegen sie sollte fahren lassen. Und das Wort Hochachtung drückte sie mit einem Tone aus, der ihm die Bedeutung der Liebe gab. Sie sagte endlich in aller Unschuld, sie wollte sich eine Tasse Caffee machen lassen, um den Nebel in ihrem Gemüthe dadurch zu zerstreuen." „Sie bat mich, da sie mich verliess, dass ich ihr nicht gleich nachfolgen sollte, damit ihr Lottchen nicht einige Spöttereyen sagen möchte." (45). Nachdem er Damis gepriesen, hatte Simon zu Siegmund gesagt: „Wir wollen wünschen, dass alle Liebhaber so edelgesinnt seyn mögen, als er." (79). Diesen Ausspruch, der, wie er wohl fühlte, ihn treffen sollte, wiederholt Siegmund: „Hörten Sie nicht den boshaften Ausdruck: Wir wollen wünschen, dass alle

Liebhaber so edelgesinnt seyn mögen, als mein Mündel? — Ist dieses nicht eine unverschämte Anklage wider mich?" (82.) Das eifersüchtige Julchen beunruhigen die Worte ihres Geliebten: „Ob ich ihn meiner Schwester gönne?" (88). „Er sagte, er wollte die Zärtlichkeit der Freundschaft nachsetzen." (89).

2. Lessings „Minna von Barnhelm":

Das Fräulein: Der König kann nicht alle verdiente Männer kennen.
Der Wirth: O gewiss, er kennt sie, er kennt sie alle. —
Das Fräulein: So kann er sie nicht alle belohnen (II, 196).
Der Wirth: ..... Der König kann nicht alle verdiente Männer kennen: und wenn er sie auch alle kennte, so kann er sie nicht alle belohnen (213).

Hatte Tellheim Minna vorgehalten: „Ich bin Tellheim, der verabschiedete, an seiner Ehre gekränkte, der Krüppel, der Bettler (205), so wiederholt er das: „Ja, ja, gnädiges Fräulein, daran erkenne ich Ihre Landsmänninnen. Sie werden Ihnen einen abgedankten, an seiner Ehre gekränkten Officier, einen Krüppel, einen Bettler, trefflich beneiden." Das Fräulein: „Und das alles wären Sie? Ich hörte so was, wenn ich mich nicht irre, schon heute Vormittage." (237). Hatte Werner zu Francisca gesagt: „Husch ist ihm denn ein Ringelchen an den Finger prackticirt; er weiss selbst nicht, wie es daran kömmt" und „wenn er zehn Finger an jeder Hand gehabt hätte, er hätte sie alle zwanzig voller Ringe gekriegt" (215); so neckt ihn Franciska damit: „Alle zwanzig, Herr Wachtmeister?" „Husch ists am Finger, Herr Wachtmeister?" (223) „Zwanzig Finger, alle voller Ringe! Ey, ey, Herr Wachtmeister!" (225). Wenn Riccaut das Fräulein fragt: „.... wie heiss der Minister da draus? — in der lange Strass? — auf die breite Platz?" (228 f.): so nimmt Francisca diese Frage ironisch wieder auf: „... Wie heissen der Minister, da draus auf die breite Platz?" (252). — Hatte Riccaut gemeint: „Nein, man kenn sik hier nit auf den Verdienst" (230); so spöttelt Francisca: „Parbleu, Ihro Gnad, man kenn sik hier nit auf den Verdienst." (233).

Wenn Tellheim erklärt hatte: „Das Fräulein von Barnhelm verdient einen unbescholtenen Mann. Es ist eine nichtswürdige Liebe, die kein Bedenken trägt, ihren Gegenstand der Verachtung auszusetzen. Es ist ein nichtswürdiger Mann, der sich nicht schämet, sein ganzes Glück einem Frauenzimmer zu verdanken, dessen blinde Zärtlichkeit —" (242); so muss er alle diese Sätze aus dem Munde seiner Minna wiederhören, die mit ihnen seine Werbung zurückweist: „. . . Als er selbst überlegen konnte, hörte ich ihn sagen: es sey eine nichtswürdige Liebe, die kein Bedenken trage, ihren Gegenstand der Verachtung auszusetzen". . . . „Dort braucht Tellheim eine unbescholtene Gattinn!" (255).
. . . . „Es ist eine nichtswürdige Kreatur, die sich nicht schämet, ihr ganzes Glück der blinden Zärtlichkeit eines Mannes zu verdanken!" (256 f.) Hatte Minna Tellheim seinen Ring mit der Wendung zurückgegeben: „Nehmen Sie, mein Herr. — Sie haben Sich doch wohl nicht bloss gezieret?" (243); so braucht Tellheim ihr dieses harte Wort nach: „. . . Sie zieren Sich, mein Fräulein. — Vergeben Sie, dass ich Ihnen dieses Wort nachbrauche." (250). Das Fräulein (zu Tellheim): „Lassen Sie mich. — Meine Thränen vor Ihnen zu verbergen, Verräther! (243). Tellheim: „. . . . Nein, Minna, ich bin kein Verräther!" (244); und 249 beteuert er es Minna persönlich: „Zürnen Sie nicht auf mich, mein Fräulein. Ich bin kein Verräther." 249 meinte Tellheim: „Gleichheit ist immer das festeste Band der Liebe." Diesen Satz nimmt Minna wieder auf: „Gleichheit ist allein das feste Band der Liebe." (256).

„Emilia Galotti":

Hatte Claudia ihrem Gemahl voll mütterlichen Stolzes die Begegnung ihrer Tochter mit dem Prinzen erzählt (II, 397 f.), so ruft Odoardo, indem er an diese Mitteilung denkt, höhnend aus: „. . . Nun, Claudia? Nun, Mütterchen? — Haben wir nicht Freude erlebt! O des gnädigen Prinzen! O der ganz besondern Ehre! (436). 408 hatte Appiani den Hofmann Marinelli einen Affen geschimpft und hinzugefügt: „Pah!

Hämisch ist der Affe; aber —". An diese Beleidigung denkt Marinelli, wenn er spottet: „Ha, Herr Graf, der Sie nicht nach Massa wollten, und nun noch einen weitern Weg müssen. — Wer hatte Sie die Affen so kennen gelehrt? Ja wohl sind sie hämisch." (412 f.) — Hatte Claudia Marinelli den schweren Vorwurf gemacht: „... Und Marinelli, Marinelli war das letzte Wort des sterbenden Grafen! Mit einem Tone!" ... „Ha, könnt' ich ihn nur vor Gerichte stellen, diesen Ton!" (420); so heuchelt Marinelli, als sei er durch diesen Ausruf des sterbenden Appiani zu seinem Rächer bestellt worden: „Fragen Sie (Odoardo) nur Ihre Gemahlinn. Marinelli, der Name Marinelli war das letzte Wort des sterbenden Grafen: und in einem Tone! in einem Tone! — Dass er mir nie aus dem Gehöre komme dieser schreckliche Ton, wenn ich nicht alles anwende, dass seine Mörder entdeckt und bestraft werden! (443).

Orsina hatte Odoardo zugerufen: „... Und glauben Sie, glauben Sie mir: wer über gewisse Dinge den Verstand nicht verlieret, der hat keinen zu verlieren. (434.) — An diesen Ausspruch erinnert sich der in die Enge getriebene Odoardo: „... Ja wohl hat sie Recht die gute Sibylle: Wer über gewisse Dinge seinen Verstand nicht verlieret, der hat keinen zu verlieren!" (445). Als ihr Vater sie durchstach, verglich sich Emilia mit der Rose, die sie eben zerpflückt hatte: „Eine Rose gebrochen, ehe der Sturm sie entblättert." (449). — Auf die Frage des Prinzen „Grausamer Vater, was haben Sie gethan?" wendet sich dieser zu seiner Tochter: „Eine Rose gebrochen, ehe der Sturm sie entblättert. — War es nicht so, meine Tochter?" (450).

Wie bei Lesing, so ergeht sich auch bei Gellert die Sprache gern in Sentenzen und Sinnsprüchen. Die Rede seiner Lustspiele ist mit Reflexionen gesättigt. Teils spricht sich in ihnen die Lebensanschauung dieser Leute aus, ihre Ansichten über Erziehung und Religion, über Freundschaft und Ehe, teils wird durch sie ein besonderer Fall ins Allgemeine erhoben, oder die Leute motivieren die Art und Weise ihres Verhaltens. Viele Wendungen haben sprichwörtlichen Klang, manche erinnern an die Bibel, auch wirkliche Sprichwörter werden eingeflochten.

Eigentümlich ist Gellert die Art des Gesprächs, wo zwei Gedankenreihen neben einander laufen, jede Person mit ihren eigenen Angelegenheiten beschäftigt ist und die Reden nun weniger in einander greifen als vielmehr neben einander hergehen, da jeder seinen eigenen Gedanken nachhängt. Am frappantesten III, 278:

> Hr. Damon: . . . Mein Mündel ist reich, und Carolinchen möchte ich gern versorgt wissen, damit meine Frau nicht weiter Ursache hätte, Geld für sie auszugeben. Meynen Sie nicht, dass sich diese beyden Leute für einander schicken sollten?
> Hr. Orgon: Warum das nicht? Sie mögen heirathen. Was haben wir denn diesen Abend zu essen? Ich habe schönen Spargel in Ihrem Garten stehen sehen. Mit Eyersauce esse ich ihn sehr gern.
> Hr. Damon: Wollen Sie nicht über Tische ein wenig auf meiner Seite seyn? Ich möchte gern, dass Herr Simon und Carolinchen ein Paar würden. Wenn er nur Ja sagt, und sich einmal fangen lässt, so darf er nicht wieder zurück. Denn ich habe Zeugen.
> Hr. Orgon: Wie Sie meynen. Es wird schon gehen. Wenn nur die Erdbeeren schon gross wären. Ich möchte diesen Abend wohl eine kalte Schaale davon essen. Eine Pfeife Taback, eine kalte Schaale, und ein Gericht Spargel ist im Sommer mein liebstes.
> Hr. Damon: Es wäre auch besser für mich, wenn Herr Simon Carolinchen heirathete: so könnte ich eher mit der Vormundschaftsrechnung von ihm los kommen. Wenn er mir nur nicht Händel macht!
> Hr. Orgon: Ach ja! Schlägt es nicht itzt sieben? Kommen Sie. Ich habe schon vorhin in der Küche gesehen, dass die Capaunen braun genug waren. Sie möchten zu dürre werden. Ich habe heute keine Lust mehr zu reden.

Man vergleiche III, 144 f. und 151 f., wo Ferdinand die Betschwester an der Erledigung der Heiratspunkte festhalten möchte, diese aber ausweicht und von dem Bettler und dem Suppennapf, von dem Totenschmiede, der Henne und ihrem verstorbenen Manne redet. 221 f. schmält Herr Orgon die Sänftenträger, seine Frau redet von den Geschenken, die Frau Damon erhalten, und ihrer eigenen Krankheit. 276 f. spricht

Simon von der Brüsseler Schönen, die er bezaubert haben will, Damon von dem Anteil, den er an dem Gewinne des Looses haben möchte. Auch diese Art des Gesprächs lässt sich bei Lessing belegen. Man vergleiche: Sämtliche Schriften 1, 333 f. und 11, 127 f.

Auf „Minna von Barnhelm" weist auch die gewähltere Ausdrucksweise hin, welche die Prosa in Gellerts Lustspielen über die rohen Auswüchse in den Komödien seiner Zeitgenossen erhebt. Man halte neben die Sauberkeit und Zierlichkeit seiner Rede etwa die unflätige Roheit eines Henrici-Picander oder den Schmutz, den Frau Gottsched in ihrer „Hausfranzösin" ansammelt. Wenn man die einzelnen Fassungen seiner Lustspiele vergleicht, so kann man beobachten, wie Gellert den Stil immer mehr zu polieren suchte. Derbheiten, die in den ersten Fassungen noch vorkamen, werden später getilgt, z. B. in der Scene, wo die Betschwester mit ihrer Tochter hadert, allzu derbe Wendungen ausgemerzt (III, 178 f.: Brem. Beitr. II, 136 f.), die Zankscenen zwischen Herrn und Frau Orgon gemildert (III, 221 f.: Beitr. III, 344 f. und 228 f.: Beitr. III, 354 f.). Er strich die Schimpfreden der Frau Orgon gegen ihre Magd (III, 233 f.: Beitr. III, 362 f.), wo sie sagt, ihr Mann möge dem Dienstmädchen das Kohlfeuer an den Kopf werfen und es ein heilloses Tier und ein verhurtes Mensch schimpft. Der Auftritt, in dem Frau Orgon gegen ihre Magd Ausdrücke braucht wie: Gassenhure, Kerl, gesoffen, gottloser Nickel, nackendes Thier, fiel ganz fort (Beitr. III, 396 f.). Der Ausruf des Herrn Damon in den Beitr. III, 464: „Wer weis, in welch Bordell ihn der Teufel geführet hat, und welcher Hure er das Loos diese Nacht schenkt!" wurde abgeschwächt zu: „Wer weis, wo das Loos diese Nacht bleibt!" (III, 299). Erst in der letzten Redaction (1769) erreicht seine Sprache eine ebenmässige Glätte und ist von Vulgarismen so gut wie frei. Aber dieser reinlichen Prosa fehlt der Pulsschlag pochenden Lebens. Sie ist säumig und schläfrig, plauder- und schwatzhaft; sie schreitet nicht, sondern schleicht. Es ist die „alte Prosa", von der Schiller spricht, „die alles so ehrlich heraussagt" und uns auch das Geringfügigste haarklein vorträgt. Im Drama ist der Dialog Handlung, kommt zu Resultaten und führt dadurch einen Fortschritt herbei; bei Gellert artet er sehr oft in blosses müssiges Gerede aus. Die unbehende Sprache klingt einförmig und monoton. Gellert, der in seinen Fabeln mit oft köstlichem Realismus die Rede nach den Personen zu differenzieren weiss,[1]) hat dies in seinen Lustspielen, die doch eher zu einer Nüancierung der Sprache aufforderten, unterlassen. Gleichmässig geht der Fluss dieser planen Rede, eine Person spricht wie die andere. Leise Schattierungen kann man ja bisweilen beobachten: die abschwächenden Sätzchen und frommen Sittensprüche der Betschwester, das leichtfertige Geschwätz Simons mit den eingestreuten französischen Redensarten, die Redeweise des gelehrten Magisters, der so „hoch redt" (III, 69), und wenn er mit Ungelehrten zu thun hat, sich „herunter lassen" möchte, die geheimnisvollen Wendungen Wahrmunds. Aber diese spärlichen Versuche den Ausdruck abzutönen, verwischen den Gesamteindruck nicht: die Sprache seiner Lustspiele erscheint uns physiognomielos. Darin ist die Redeweise in Lessings „Minna von Barnhelm" gewiss ganz anders, wo sich die Sprache jedem Character und jeder Situation elastisch anschmiegt und von den Vulgarismen des Just bis zu dem behenden Conversationston Minnas so fein abgestuft ist.

Bei der Prüfung der Dialogmittel Gellerts ergiebt sich also, dass bereits eine dialectische Manier in Ansätzen und Einzelheiten vorgebildet ist, die dann in viel umfangreicherer und intensiverer Weise Lessing durchführen sollte. Wie der junge Lessing als Fabulist bei Gellert in die Schule ging, um dann erst lakonische Kürze und epigrammatische Zuspitzung in dieser Gattung anzustreben, so hat er, wenigstens in seiner Jugend, als Lustspieldichter von Gellert einiges

---

[1]) Studien über Gellerts Fabelstil von Hugo Handwerck. Marburg 1891 S. 9 f. und 33 f. Georg Ellinger, Gellerts Fabeln und Erzählungen. Berlin 1895 S. 16 f.

gelernt. Der Parallelismus in Rede und Gegenrede, das Prüfen und Wägen des Ausdrucks, die Correctur, das Auffangen und Wiederaufnehmen von Worten und Sätzen, die Wiederholungen und die Wiederkehr derselben Ausdrücke: das alles sind Eigentümlichkeiten, die Gellert von dem Kreise seiner dichtenden Genossen mehr oder minder scheiden und die Lessing mit ihm teilt.

II. Der Monolog.

Gottsched hatte den Monolog nicht geradezu verboten, aber doch eindringlich vor ihm gewarnt: „Kluge Leute pflegen nicht laut zu reden, wenn sie allein sind. Es wäre denn in besondern Affecten, und das zwar mit wenig Worten. Daher kommen mir die meisten einzelnen Scenen sehr unnatürlich vor; und ausser der ersten im Geizhalse des Moliere, wüste ich fast keine zu nennen, die mir gefallen hätte. Man hüte sich also davor, so viel man kann; welches auch mehrentheils angeht, wenn man dem redenden noch sonst jemand zugiebt, der das, was er sagt, ohne Gefahr wissen oder hören darf."[1] Also statt des Monologs empfiehlt Gottsched die Unterredung mit einem Vertrauten. Gellert hat sich in seinen beiden ersten Stücken nach dieser Mahnung gerichtet, erst in den „Zärtlichen Schwestern" macht er von dem Monolog einen reichlichen Gebrauch (III, 25, 55, 57, 65, 73, 83, 95, 97). Sonderbarer Weise müssen wir in diesem Stück aus Lottchens Munde eben die Einwendung hören, die Gottsched gegen den Monolog erhoben hatte. Sie sagt zu Julchen, deren Selbstgespräch, gleich das erste des Dramas, sie belauscht hat: „Aber, mein Kind, was hast du mit dir allein zu reden? Es ist ja sonst deine Art nicht, dass du mit der Einsamkeit sprichst!" Indessen hat Gellert wenigstens darin Gottscheds Anweisung befolgt, dass er seine Personen nur im Augenblicke der Erregung monologi-

[1] Versuch einer Critischen Dichtkunst, Leipzig 1730 S. 598.

sieren lässt, wenn sie ein Conflict bedrängt, den sie in sich auskämpfen müssen. So spricht Julchen, verwirrt von dem widerspruchsvollen Benehmen ihres Liebhabers, geängstet von seiner kühlen Zurückhaltung wie von seiner zärtlichen Neigung, ihren Conflict in einem Monolog aus. Siegmund schwankt in seinen Monologen (III, 55, 57) zwischen Treue und Untreue; die alte Liebe ringt mit den Lockungen des Reichtums, die ihn zu Julchen ziehen. Als Lottchen von Simon den Treubruch ihres Geliebten erfahren hat, lösen sich ihre widerstreitenden Gefühle in einem kurzen Monologe aus. (95). Die Monologe werden also in einer gewissen Erregung gesprochen, die Gellert mit den uns schon bekannten Stilmitteln ausdrückt, zu denen sich hier die Apostrophe gesellt. So ruft Siegmund (55, 65): „Julchen .... Julchen!" oder „O Julchen, wie reizend bist du!" und Lottchen (95): „Du, redliches Herz! Du, mein Freund!"

Da der Monologisierende unverhüllt seine Gedanken und Gefühle blosslegt, bietet der Monolog dem Dichter ein sehr bequemes, freilich auch recht ungeschicktes Mittel, geheime Absichten direct ins Parterre auszuplaudern oder die Mitspieler über verborgene Zusammenhänge aufzuklären, indem er einen Lauscher auf die Bühne stellt. So griff Gellert zum Selbstgespräch, um uns einen Einblick in die Seele des wankelmütigen Siegmund zu gewähren, der ja sein unedles Vorhaben niemand mitteilen konnte. So hört das hinzukommende Lottchen die letzten Worte aus dem Selbstgespräche Julchens, so wird die verräterische Frage Siegmunds: „Wo bleibt Lottchen? Hat sie gar meine Untreue erfahren? Ich will sie sicher machen" (83) von Damis und Julchen aufgefangen. In der Weise, wie Lessing einen Monolog zuweilen als Flickscene einschiebt, damit die abgehende Person mit der neu hinzukommenden nicht zusammentreffe und die Bühne besetzt bleibe,[1] hat Gellert ihn nicht verwandt.

[1] Friedrich Düsel. Der dramatische Monolog in der Poetik des 17. und 18. Jahrhunderts und in den Dramen Lessings. Hamburg und Leipzig 1897 (Theatergeschichtliche Forschungen, hrsg. von Berthold Litzmann XIV) S. 21 f.

Doch wird auch bei ihm wie bei Lessing[1]) von dem Monologisierenden auf die neu erscheinende Person mit einem: „Sie kömmt allein." oder „Wie? sie kömmt noch einmal?" hingewiesen (55, 57), was wir auch am Ende der Dialogscenen beobachten konnten. Die beiden kurzen Monologe Julchens und Lottchens (73, 97) sind nur Scheinmonologe, da der eine von Damis, der andere von Julchen behorcht wird.

[1]) Ebenda S. 39 f.